Heike Roland • Stefanie Thomas

# Dekoträume

## Liebevoll Genähtes fürs Kinderzimmer

# *Dekoträume*

# Liebevoll Genähtes fürs Kinderzimmer

Das freut die Großen und die Kleinen!

Wenn das allererste Würfelpuzzle jauchzend durch die Luft gewirbelt wird und die weichen Stoffwürfel zum ersten Mal zur Raupe zusammengesetzt werden, ist bei allen das Strahlen groß!

Nach ein paar Monaten schon entdecken die Allerkleinsten auf der kuscheligen Krabbeldecke, dass Elefantenohren knistern, die Beine quietschen und der Schwanz rasselt ... Auf der Krabbeldecke, da ist was los! Und für den großen Hunger gibt es ein kunterbuntes Raupenlätzchen – da kann niemand böse sein, wenn der Nachwuchs kleckert; den Rest bekommt die nimmersatte Raupe auf dem Lätzchen. Und irgendwann heißt es, im warmen Schlummer-Schlafsack im Bettnestchen zu liegen und Schäfchen zu zählen, während die Großen ab fünf noch im Türrahmen-Theater herumkaspern und die tollsten Geschichten erfinden. So wird das Kinderzimmer zum besonderen Schauplatz mit liebevoll genähten und individuellen Besonderheiten zum Herumtollen und -lümmeln. Wundern Sie sich also nicht, wenn bald eine Gruppe Zwerge vor der Tür steht, die den Nachmittag mit dem Sitzwichtel verbringen möchte ...

Geschmackvoll, kreativ und liebevoll selbst genäht! Mit den einfachen Schnitten, den Schritt-für-Schritt-Anleitungen und vielen Tipps ist das Nacharbeiten so einfach, dass auch Näh-Anfänger sich schnell zurechtfinden.

Viel Spaß beim Nähen und Freude-Verschenken!

# Für die Allerkleinsten

Kaum ist man auf der Welt, schon
geht's auf Entdeckungsreise: Wie
schön, wenn einen dann ein gemüt-
liches Bettnestchen erwartet oder
ein lustiger Hase ein sanftes Wie-
genlied spielt. Steht man dann auf
eigenen Füßen, misst man sich
schon an der Giraffe: „Soo groß will
ich mal werden!"

◆ Stoffwürfel

◆ Krabbeldecke „Elefant"

◆ Baby-Schlafsack

◆ Schnuffeltuch „Hund"

◆ Messlatte „Giraffe"

◆ Hasenspieluhr

◆ Kinderwagenkette

◆ Utensilo-Bus

◆ Lätzchen „Raupe"

◆ Kirschkernkissen-Schildkröte

◆ Bettnestchen

# *Stoffwürfel*

## → für die Kleinsten

**GRÖSSE**
ca. 5 cm und 10 cm

**MATERIAL**
**KLEINE WÜRFEL**
- Baumwollstoff in Gelb, Orange, Rosa, Rot, Hellgrün und Hellblau jeweils mit kleinen Punkten, je 10 cm
- Schaumstoff-Würfel, 5 cm hoch

**WÜRFEL MIT WURM-**
**BZW. BLUMEN-MOTIV**
- Baumwollstoff in Hellblau, 15 cm
- Baumwollstoff in Hellblau mit verschiedenen Mustern (Spiralen, kleine und große Punkte, Streifen und Blumen), je 15 cm
- Baumwollstoff in Rot und Blau, Reste
- Baumwollstoff in Gelb, Rosa und Rot mit kleinen Punkten, in Hellgrün und Hellblau mit großen Punkten und Weiß-Gelb kariert, Reste
- Vliesofix, 10 cm
- Stickgarn in Schwarz
- Schaumstoffwürfel, 10 cm hoch

**SCHNITTMUSTERBOGEN 1A**
**(ROT)**

**1** Alle Würfel-Teile und die Teile für die Applikation gemäß Schnittmuster zuschneiden. Die Motiv-Teile laut Schnittmuster auf die entsprechenden Quadrate bügeln.

**2** Für den Blumen-Würfel zuerst die Blume, dann die Blumenmitte aufbügeln. Dabei auf die Ntzg achten. Alle Teile mit engem Zickzackstich applizieren. Die Nase des Wurms ebenfalls applizieren. Das Gesicht des Wurms aufsticken. An alle 4 Seiten der Quadrate mit den Applikationen je ein unterschiedlich gemustertes Quadrat r-a-r nähen.

**3** Jeweils 2 nebeneinanderliegende Quadrate r-a-r aufeinanderlegen und die Naht von der Ecke her schließen. Damit fortfahren, bis alle Quadrate miteinander verbunden sind. Das letzte Quadrat r-a-r an die obere Kante eines der Quadrate steppen.

**4** Die Ntzg an den zusammengenähten Seiten kürzen und den Würfel wenden. Den Schaumstoffwürfel einschieben. Die Ntzg nach innen schlagen und die offenen Seiten mit Matratzenstich schließen.

**5** Die Würfel ohne Applikationen zusammennähen wie oben beschrieben.

# Krabbeldecke „Elefant"

→ lädt zum Spielen ein

**1**  Schnittmuster für den Bauch zusammensetzen. Alle Teile gemäß Schnittmuster zuschneiden. Das Volumenvlies innerhalb der Ntzg mit Zickzackstich auf die linke Seite des RT steppen. Je 2 Beinteile r-a-r aufeinandernähen und durch die Wendeöffnung wenden. 2 Beine leicht stopfen und jeweils eine Rassel in die Füllwatte schieben, sodass die Rasseln gut gepolstert sind. Die Beinöffnungen innerhalb der Ntzg mit Zickzackstich schließen.

**2**  Bei den übrigen beiden Beinen die Kreise für die Quietschen gemäß Schnittmuster mit Vorstich von Hand zur Hälfte aufsticken. Die Quietsche einlegen und die Kreise beenden. Beine stopfen und die Öffnung wie oben beschrieben schließen. Den Schwanz der Länge nach r-a-r zusammenfalten und zusammensteppen. Dabei die Fransenborte an einer kurzen Seite mitfassen (die Borte liegt zwischen den beiden Schwanzteilen) und die zweite kurze Seite als Wendeöffnung offen lassen. Den Schwanz wenden. Die Glöckchen in den Schwanz füllen und die Öffnung innerhalb der Ntzg mit Zickzackstich schließen. Die Beine und den Schwanz gemäß Schnittmuster innerhalb der Ntzg an das VT steppen. Das RT und VT r-a-r bis auf die Wendeöffnung zusammennähen. Die Ntzg kürzen und den Elefant wenden. Die Öffnung mit Matratzenstich schließen.

**3**  Für den Kopf je ein graues und ein rosafarbenes Ohrteil r-a-r aufeinandernähen. Dabei jeweils ein Folienstück unterlegen und beim Steppen mitfassen, die Wendeöffnung offen lassen. Die Ntzg kürzen und dabei die Folien ebenfalls zurückschneiden. Die Ohren wenden. Die Öffnung innerhalb der Ntzg mit Zickzackstich schließen.

**4**  Die Gummibandstücke gemäß Schnittmuster auf der linken Seite an den Rüssel nähen und dabei das Band auf die gewünschte Länge dehnen. Die obere Kopfnaht schließen und dabei die Haare mitfassen. Die Augen einstecken. Die untere Kopfnaht schließen und die Rüsselspitze einnähen. Die Ohren gemäß Schnittmuster innerhalb der Ntzg an das vordere Kopfteil steppen. Die Kopfnaht am hinteren Kopfteil bis auf die Wendeöffnung schließen. Die beiden Kopfteile r-a-r zusammennähen und dabei die Ohren mitfassen. Durch die Wendeöffnung im Hinterkopf wenden und den Rüssel mit etwas Granulat füllen. Den restlichen Kopf mit Füllwatte stopfen. Die Öffnung mit Matratzenstich schließen. Den Kopf mit reißfestem Faden an einigen Stellen an den Körper nähen.

**GRÖSSE**
ca. 1,20 m x 1,65 m

**MATERIAL**
- Frottee in Grau, 1,50 m
- Nickistoff in Rosa mit kleinen roten Punkten, 35 cm
- Nickistoff in Rosa-Rot gestreift, 60 cm
- Baumwollstoff in Rosa mit roten Herzen, 1,10 m (Unterseite Elefant)
- Volumenvlies, 1,10 m
- 2 Sicherheitsaugen, ø 18 mm
- Gummiband, 6 mm breit, 2x 12 cm lang
- Knistertüte
- Luftpolsterfolie, Rest
- 2 Rasseln, ø 4 cm
- 2 Quietschen, ø 4 cm
- 6 Glöckchen, ø 1,5 cm
- Fransenborte in Schwarz, 4 cm breit, 12 cm lang (Schwanz) und 3,5 cm lang (Haare)
- reißfester Faden
- Füllwatte
- Granulat

**SCHNITTMUSTERBOGEN
1A+1B (DUNKELBLAU)**

# Baby-Schlafsack

→ kleine Wonneproppen warm verpackt

## GRÖSSE
ca. 49 cm x 88 cm

## MATERIAL
◆ Nickistoff in Weiß, 95 cm
◆ Baumwollstoff in Hellgrün, 30 cm
◆ Baumwollstoff in Hellgrün mit Blumen, 35 cm
◆ Baumwollstoff in Hellgrün mit weißen Schafen, 40 cm
◆ Baumwollstoff in Orange mit kleinen gelben Punkten, Rest
◆ Perlgarn in Grün
◆ Volumenvlies, 95 cm
◆ Schrägband in Hellgrün mit kleinen Punkten, 2x 40 cm
◆ Reißverschluss für Bettwäsche in Weiß, 80 cm lang

## SCHNITTMUSTERBOGEN 1A (GRÜN)

**1** Alle Teile gemäß Schnittmuster und Abbildung zuschneiden. Dabei darauf achten, dass das RT im Stoffbruch und das VT in 2 Teilen ausgeschnitten wird. Für das Futter des Schlafsacks aus Nickistoff und Volumenvlies jeweils ein RT und die beiden VT zuschneiden und das Volumenvlies innerhalb der Ntzg mit Zickzackstich jeweils auf die linke Seite des entsprechenden Teils aus Nickistoff steppen. Das untere Reißverschlussende mit einigen Stichen von Hand zusammennähen. Die einzelnen Streifen des äußeren Schlafsacks jeweils r-a-r zusammennähen. Die Nähte füßchenbreit absteppen.

**2** Den Reißverschluss in die vordere Kante des äußeren Schlafsacks einnähen. Dafür den Reißverschluss jeweils r-a-r auf die Kanten steppen. Die Schulter- und Seitennähte der beiden Schlafsäcke schließen. Den Reißverschluss öffnen. Die beiden Schlafsäcke so ineinanderschieben, dass sie r-a-r zu liegen kommen. Entlang der Reißverschluss- und Halsausschnittkante zusammensteppen, den Schlafsack wenden und den Halsausschnitt und die Reißverschlusskanten füßchenbreit absteppen. Den Sack auf links wenden, so dass die Futterseite außen liegt. Die untere Kante der beiden Schlafsäcke zusammensteppen. Den überstehenden Reißverschluss abschneiden und die Kante versäubern. Den Schlafsack wieder auf rechts wenden.

**3** Die Armausschnitte der beiden Schlafsäcke knappkantig zusammensteppen. Die Naht darf später nicht unter dem Schrägband hervorschauen. Die Armausschnitte mit Schrägband einfassen. Dabei am unteren Ende des Armausschnittes beginnen.

**4** Je 2 Herzteile r-a-r bis auf die Wendeöffnung zusammennähen. Die Ntzg kürzen und an der Einbuchtung oben bis kurz vor die Naht einschneiden. Das Herz wenden. Ein Ende eines Perlgarnstücks mit einem Knoten versehen. Für die Aufhängung das Perlgarn von innen durch die obere Einbuchtung des Herzchens nach außen ziehen. Das Herz leicht mit Füllwatte stopfen und die Öffnung mit Matratzenstich schließen.
Die Perlgarn-Aufhängung an den Reißverschlusszipper knoten.

# Schnuffeltuch „Hund"

→ ein treuer Freund in allen Lagen

**GRÖSSE**
ca. 30 cm x 30 cm

**MATERIAL**
- Baumwollplüsch in Natur, 30 cm
- Baumwollstoff in Hellgrün mit Spiralen, 30 cm
- Nickistoff in Orange, Rest (Nase)
- Nickistoff in Orange-Gelb gestreift, Rest
- 2 Sicherheitsaugen, ø 1 cm
- Perlgarn in Schwarz
- Füllwatte
- Granulat

**SCHNITT-MUSTER-BOGEN 1B (HELLBLAU)**

**1** Für die vorderen Teile am Schnittmuster die Arme und Beine gemäß Markierung abschneiden und separat aus Nickistoff zuschneiden. Alle anderen Teile laut Schnittmuster zuschneiden. Die beiden Halsteile r-a-r zusammenlegen, die kurzen Seiten schließen und wenden. Den oberen und unteren Hinterkopf r-a-r zusammensteppen und dabei den Hals mitfassen.

**2** Je 2 weiße und 2 geringelte Ohrenteile r-a-r bis auf die Wendeöffnung zusammensteppen. Die Ohren wenden, leicht mit Granulat füllen und die Öffnung mit Zickzackstich schließen. Am vorderen Kopfteil gemäß Schnittmuster innerhalb der Ntzg feststeppen. Den Hinterkopf r-a-r an das vordere Kopfteil steppen. Dabei die Wendeöffnung offen lassen. Den Kopf wenden und die Augen einsetzen.

**3** Die Arme und Beine an das vordere Körperteil nähen. Die beiden Körperteile r-a-r an der Schulter-Halsnaht zusammensteppen. Dabei den Hals gemäß Schnittmuster mitfassen. Darauf achten, dass das Gesicht in Richtung des Bauches zeigt. Die beiden Körperteile r-a-r rundherum bis auf die Wendeöffnung zusammensteppen und den Körper wenden. Die Öffnung mit Matratzenstich schließen.

**4** Den Kopf mit Füllwatte stopfen und die Öffnung mit Matratzenstich schließen. Die Arme und Beine jeweils mit einem Knoten versehen. Das Nasenteil gemäß Schnittmuster mit Vorstich einkräuseln, etwas Füllwatte in die Mitte legen und zu einer länglichen Kugel zusammenziehen. Die Fäden fest verknoten, die Enden mit einer Nadel in die Nase ziehen und die Fäden abschneiden. Die Nase gemäß Schnittmuster mit Matratzenstich auf dem Kopf festnähen. Den Mund mit schwarzem Perlgarn aufsticken.

# Messlatte „Giraffe"

→ ich bin sooooo groß!

## GRÖSSE

ca. 25 cm x 1,25 m

## MATERIAL

◆ Baumwollstoff in Gelb, 45 cm
◆ Baumwollstoff in Gelb mit kleinen orangefarbenen Punkten, 20 cm
◆ Baumwollstoff in Orange mit kleinen gelben Punkten, 15 cm
◆ Baumwollstoff in Rot, Hellgrün und Hellblau, jeweils mit kleinen Punkten, Rest
◆ Vliesofix, 20 cm
◆ Vlieseline H 250, 20 cm
◆ Schabrackenvlies, 1,00 m breit, 25 cm lang
◆ Kordel in Gelb, ø 5 mm, 95 cm
◆ Fransenborte aus Lederimitat in Dunkelbraun, 2,5 cm breit, Fransen ca. 6 cm lang
◆ 2 Metall-Ringe (Aufhängung), ca. ø 1 cm
◆ 2 Knöpfe in Rot, ø 1,5 cm
◆ 2 Wackelaugen, 1,5 cm hoch
◆ Stickgarn in Schwarz
◆ 3 Holzwäscheklammern, 3,5 cm
◆ Füllwatte
◆ Textilstift in Schwarz
◆ UHU Alleskleber kraft

## SCHNITTMUSTER-BOGEN 1B (SCHWARZ)

**1** Alle Giraffen-Teile, alle mit Vlieseline verstärkte Teile und die Teile für die Applikation gemäß Schnittmuster zuschneiden. Das Schabrackenvlies wird zum Schluss zur Stabilisierung der Messlatte in den Körper eingeschoben und muss deshalb rundherum ca. 0,5 cm kleiner zugeschnitten werden als das Schnittteil des Giraffenkörpers.

**2** Alle Applikationsteile aufbügeln und mit engem Zickzackstich applizieren. Die Maßskala mit engem Zickzackstich auf das VT nähen und die Striche für die Einteilung von Hand aufsticken. Mit Textilstift beschriften.

**3** Den Riegel für die Befestigung des unteren Endes der Kordel nähen. Dafür die Ntzg an allen Seiten nach innen schlagen und füßchenbreit absteppen. Gemäß Schnittmuster knappkantig aufnähen und dabei das untere Ende der Kordel mitfassen. Die Kordel am oberen Ende des VT annähen.

**4** Jeweils 2 Teile der Beine, Ohren und Hörner r-a-r zusammennähen. Dabei an den Markierungen gemäß Schnittmuster die Wendeöffnungen offen lassen. Die Ntzg kürzen und alle Teile wenden. Die Hörner leicht mit Füllwatte stopfen. Die Ohren an der offenen Seite mittig zusammenfalten und innerhalb der Ntzg zusammensteppen. Die Beine gemäß Markierung innerhalb der Ntzg an das VT steppen.

**5** Die beiden Körper- bzw. Kopfteile r-a-r zusammensteppen. Dabei am Kopf die Ohren, Hörner und Fransenborte als Haare gemäß Markierung auf dem Schnittmuster mitfassen und die Wendeöffnungen offen lassen. Die Ntzg kürzen und beide Teile wenden. Für das Gesicht die Wackelaugen aufkleben, die Knöpfe als Nasenlöcher annähen und den Mund sticken. Das Schabrackenvlies von unten in den Körper schieben, dafür zuvor die Ecken am Halsende etwas abrunden. Die Wendeöffnungen an Kopf und Körper mit Matratzenstich schließen. Die Metallringe an der oberen Kante des Körpers befestigen. Den Kopf an der Rückseite mit ein paar Stichen ebenfalls an der oberen Kante des Körpers anbringen.

**6** Für die Klammermotive jeweils VT und RT r-a-r rundherum zusammennähen und die Ntzg kürzen. Das RT vorsichtig mit einer spitzen Schere mittig mit einem ca. 1,5 cm langen Schnitt versehen und dadurch wenden. Je eine Holzklammer auf die Rückseite der Motive kleben und als Größen-Markierung an die Kordel klammern.

## Tipp

Zum Aufsticken de Maßskala evtl. Stickvlies (z. B. „Tear Easy" von Gütermann) unterlegen; dann verzieht sich der Stoff nicht.

# Hasenspieluhr

### → musikalischer Mümmelmann

**GRÖSSE**
ca. 57 cm

**MATERIAL**
- Langhaarfrottee in Natur, 25 cm
- Kurzhaarplüsch in Weiß (Schnauze), Rest
- Baumwollstoff in Rosa mit roten Herzen, Rest
- Baumwollstoff in Grün gestreift, Rest
- Nickistoff in Hellgrün mit kleinen Punkten, Rest
- Nickistoff in Pink, Rest
- 2 Sicherheitsaugen, ø 1 cm
- Perlgarn in Schwarz, 6x 25 cm (Barthaare) und zum Aufsticken (Nase und Mund), Rest
- Spieluhr
- Füllwatte
- Granulat
- Stricknadel

**SCHNITTMUSTER-
BOGEN 1A
(HELLBLAU)**

**1** Alle Teile gemäß Schnittmuster zuschneiden. Je 2 Armteile r-a-r steppen und dabei die Wendeöffnung offen lassen. Die Ntzg kürzen und die Arme wenden. Die Streifen für die Beine der Länge nach mittig r-a-r falten und an der langen Kante entlang zusammensteppen. Die Füße r-a-r bis auf die Wendeöffnung zusammennähen. Die Ntzg kürzen und alle Teile wenden.

**2** Die Füße mit etwas Granulat und Füllwatte stopfen. Je 1 Beinstreifen von oben in die Wendeöffnung des Fußes schieben und die beiden Beinteile an der Öffnung entlang zusammensteppen. Den Beinstreifen dabei so falten, dass die Naht nach hinten in die Mitte zeigt. Die Beine am vorderen Körperteil anbringen. Die Arme mit etwas Granulat füllen und wie die Beine befestigen. Darauf achten, dass die Arme nicht zu fest gestopft sind. Für die Ohren je ein grünes und ein weißes Teil r-a-r zusammennähen und durch die Wendeöffnung wenden. Die Arme, Beine und Ohren am vorderen Kopf-Körper-Teil innerhalb der Ntzg befestigen. Die beiden Kopf-Körperteile r-a-r rundherum bis auf die Wendeöffnung schließen. Dabei die Arme und Beine durch die Wendeöffnung nach außen hängen lassen.

**3** Den Hasen wenden. Die Sicherheitsaugen anbringen. Die Haare evtl. rund um die Augen etwas kürzen.

**4** Die Schnauzenteile bis auf die Wendeöffnung r-a-r zusammensteppen. Die Schnauze wenden und mit Füllwatte stopfen. Den Kreis für die Nase gemäß Schnittmuster mit Vorstich einkräuseln, etwas Füllwatte in die Mitte legen und zu einer Kugel zusammenziehen. Die Fäden fest verknoten, die Enden mit einer Nadel in die Kugel ziehen und die Fäden abschneiden. Die Nase gemäß Schnittmuster mit Matratzenstich an die Schnauze nähen. Mit Perlgarn die Mittelschnauzlinie sticken. Dafür mit dem Faden mehrmals über dieselbe Strecke sticken, damit man die Linie im dichten Fell besser sieht.

**5** Den Kopf stopfen und das Schnauzenteil mit Matratzenstich unter den Augen befestigen. Jeweils 2 Barthaare zusammen so durch die Schnauze einziehen, dass ca. 12 cm lange Enden übrig bleiben. Diese beiden Enden immer wieder miteinander verknoten, sodass Knoten über Knoten sitzt. So lange mit dem Knoten fortfahren bis der Faden aufgebraucht ist. Dabei nach jedem zweiten Knoten die Knotenrichtung ändern, damit es eine gerade Schnur ergibt.

**6** Gemäß Schnittmuster mit einer Stricknadel vorsichtig ein kleines Loch für die Spieluhr-Schnur stechen. Durch dieses das Fadenende der Spieluhr ziehen und von außen den Ziehknopf daran festknoten. Den Körper stopfen und die Spieluhr dabei von allen Seiten in die Watte einbetten. Die beiden Halstuchteile r-a-r aufeinandernähen und durch die Wendeöffnung wenden. Die Ntzg der Wendeöffnung nach innen schlagen und das Tuch rundherum knappkantig absteppen.

# Kinderwagenkette

→ eine Ausfahrt, die ist lustig ...

## GRÖSSE
großer Vogel ca. 18 cm
kleiner Vogel ca. 15 cm

## MATERIAL
- Frottee in Gelb, 15 cm
- Baumwollstoff in Gelb, Gelb mit kleinen orange-farbenen Punkten und Gelb-Orange gestreift, Reste
- Nickistoff in Orange, Rest
- Baumwollstoff in Rot, Rest
- Kordel in Weiß, ø 3 mm, 2x 9 cm (Beine kleiner Vogel) und 75 cm (Wagenkette)
- Kordel in Orange, ø 5 mm, 2x 8 cm (Beine großer Vogel)
- Perlgarn in Orange und Schwarz
- 3 Glöckchen in Weiß, ø ca. 1 cm
- 2 Kinderwagenkettenclips in Gelb mit roten Blumen

## SCHNITTMUSTER-BOGEN 1A (SCHWARZ)

**1** Alle Teile gemäß Schnittmuster zuschneiden. Für die Schnäbel jeweils 2 Schnabelteile r-a-r zusammennähen, wenden und den Schnabel für den großen Vogel leicht stopfen. Je 2 Fußteile r-a-r bis auf die Wendeöffnung aufeinanderstep-pen und wenden. Die Ntzg der Wendeöffnung nach innen schlagen und die jeweilige Kordel als Bein mittig ca. 1 cm weit einschieben. Die offene Kante zusammensteppen und so die Beine an den Füßen fixieren.

**2** Für den Kopfschmuck des großen Vogels jeweils 2 gleich gemusterte Teile r-a-r bis auf die Wendeöffnung zusammennähen und wenden. Jeweils die beiden vorderen und rückwärtigen Körperteile r-a-r an der Mittelnaht entlang zu-sammensteppen. Dabei bei der rückwärtigen Naht die Wendeöffnung beachten und beim klei-nen Vogel den Schnabel gemäß Schnittmuster mitfassen.

**3** Die beiden Körperhälften r-a-r zusammen-nähen. Dabei gemäß Schnittmuster die Beine und beim großen Vogel den Kopfschmuck mit-fassen. Die Vögel mit Füllwatte stopfen und die Öffnung mit Matratzenstich schließen.

**4** Den Schnabel des großen Vogels mit Mat-ratzenstich auf das Gesicht nähen. Die Augen mit schwarzem Perlgarn aufsticken. Für die Haare des kleinen Vogels 3 ca. 15 cm lange Perl-garnfäden einziehen und festknoten. Auf ca. 3 cm Länge kürzen.

**5** Je 2 Herzteile r-a-r bis auf die Wendeöff-nung zusammennähen, wenden und leicht mit Füllwatte stopfen. Die Öffnung mit Matratzen-stich schließen. Jeweils 1 Glöckchen mittig annä-hen. Die Vögel und Herzen mit ein paar Stichen von Hand an der weißen Kordel befestigen. Die Enden der Kordel an die Clips knoten.

## Tipp
Sie können auch verschiedene Vögel und Herzen an einem Mobile-Gestänge befes-tigen und über das Kinderbett oder den Wickeltisch hängen.

# Utensilo-Bus

→ so macht Ordnung Spaß!

**MATERIAL**
- Baumwollstoff in Rot mit kleinen rosafarbenen Punkten, 55 cm
- Baumwollstoff in Weiß, 25 cm
- Baumwollstoff in Gelb, Hautfarbe, Orange, Rot und Hellgrau, Reste
- Baumwollstoff in Gelb und Hellgrün mit kleinen Punkten, Gelb und Rosa mit Blumen, Orange mit großen Punkten und Hellblau-Blau gestreift, Reste
- Vliesofix, 15 cm
- Vlieseline H 250, 25 cm
- Schabrackenvlies, 50 cm
- Schrägband in Gelb mit kleinen orangefarbenen Punkten, 32 cm, 35 cm, 37 cm (obere Taschen-Abschlüsse) und 40 cm (Schlaufenband), insgesamt 1,44 m
- Zackenband in Gelb-Orange, 1 cm breit, 70 cm lang
- 9 bunte Blumenknöpfe, ø 1,5 cm

- 3 Knöpfe in Hellgrün, ø 9 mm
- 2 Herzchenknöpfe in Rot, ø 7 mm
- 2 Knöpfe in Blau, ø 2 mm
- 2 Turnschuhknöpfe in Weiß, ø 2 mm
- Fußballknopf, ø 1,3 cm
- Herzknopf in Pink, ø 1,5 cm
- ca. 30 Rocailles in Bunt, ø 2,5 mm
- Moosgummi in Blau, Rest (Lenkrad)
- Stickgarn in Schwarz
- Perlgarn in Schwarz
- Wolle in Beige, Dunkelbraun und Grau, Reste
- Satinband in Weiß mit roten Punkten, 4 mm breit, 2x 20 cm
- Rundholz, ø 1,5 cm, 68 cm
- Bohrer, ø 4 mm
- Kordel in Rot, ø 3 mm, ca. 1 m
- eventuell Textilkleber

**SCHNITT-MUSTER-BOGEN 2A + 2B (DUNKELBLAU)**

**1**   Alle Bus-Teile, mit Vlieseline verstärkte Taschen und die Teile für die Applikation gemäß Schnittmuster zuschneiden. Das Schabrackenvlies, das zum Schluss zur Stabilisierung des Utensilos in den Bus eingeschoben wird, rundherum ca. 0,5 cm kleiner zuschneiden als das Schnittteil des Busses. Für die Aufhängung 1 Streifen 8 cm x 67 cm (inkl. 1 cm Ntzg) aus Baumwollstoff in Rot mit kleinen rosafarbenen Punkten zuschneiden. Alle Teile für die Applikationen aufbügeln und mit engem Zickzackstich applizieren.

**2**   Die oberen Kanten der rechteckigen Taschen mit Schrägband versäubern. Für die Haare Wollstücke von ca. 5-20 cm Länge mit einem Faden jeweils zu Büscheln zusammenbinden und festnähen. Die Gesichter aufsticken und die Knöpfe und Accessoires anbringen. Die Taschen gemäß Schnittmuster an den Seiten falten und bügeln. Die Kanten, an denen die Seitenteile der Taschen nach innen geschlagen werden (Oberseite Taschen), füßchenbreit absteppen. Die seitlichen Ntzg der Taschen nach innen schlagen und die Taschen entlang dieser Kante gemäß Schnittmuster auf den Bus stecken und knappkantig aufsteppen. Entlang der Unterkanten knappkantig feststeppen. Dabei beachten, dass die Seitenteile der Taschen richtig nach innen gefaltet sind. Das Zackenband so auf dem Bus feststeppen, dass die Unterkanten der Taschen verdeckt werden.

**3**   Für die runden Taschen je 2 Teile r-a-r zusammennähen und dabei die Wendeöffnung offen lassen. Die Ntzg an der Rundung kürzen und die Teile wenden. Die Ntzg an der Öffnung nach innen schlagen und zusammensteppen. Das Schrägband als Schlaufenband gemäß Schnittmuster anbringen. Dafür die Enden des Bandes nach innen schlagen, das Band in verschieden lange Schlaufen legen und feststeppen. Vor dem Fixieren mit Stecknadeln die Verteilung testen. Die Taschen gemäß Schnittmuster knappkantig aufsteppen.

**4**   Für die Aufhängung den Stoffstreifen als Tunnel mittig an den oberen Rand des RT nähen. Dafür zuerst alle Ntzg des Stoffstreifens nach innen schlagen und füßchenbreit absteppen. Anschließend die obere Kante 3 cm und die untere Kante 5,5 cm vom oberen Rand des

# Lätzchen „Raupe"

→ hmmm, das schmeckt!

RT aufnähen. Vorder- und RT des Busses r-a-r zusammennähen und dabei die Wendeöffnung offen lassen. Die Ntzg kürzen und den Bus wenden. Das Schabrackenvlies einschieben und die Öffnung mit Matratzenstich schließen.

**5** Für die Aufhängung an beiden Enden des Rundholzes ein Loch bohren. Das Rundholz durch den Tunnel an der Rückseite des Utensilos schieben. Je ein Kordelende von oben durch die Löcher im Rundholz führen und mit einem Knoten fixieren.

## Hinweis

**Das Zackenband kann auch mit Textilkleber fixiert werden.**

## Tipp

**Die Kordel des Utensilos am besten über 2 Nägel aufhängen. Wickeln Sie die Kordel 1x um jeden Nagel, dann kann das Utensilo nicht so leicht verrutschen.**

### GRÖSSE
ca. 25 cm x 29 cm

### MATERIAL
- Frottee in Weiß, 30 cm x 35 cm
- Baumwollstoff in Rot mit kleinen rosafarbenen Punkten, 30 cm x 35 cm
- Baumwollstoff jeweils mit kleinen Punkten in Orange, Rosa, Rot, Hellgrün und Hellblau, Reste
- Baumwollstoff in Gelb und Rot, Reste
- Vliesofix, Rest
- Schrägband in Rot mit kleinen rosafarbenen Punkten, 1 m
- Kordel in Gelb, Rosa, Pink, Rot, Grün und Blau, ø 3 mm, je 2x 7 cm
- Stickgarn in Schwarz

### SCHNITTMUSTERBOGEN 1A (PINK)

**1** VT und RT und die Teile für die Applikation gemäß Schnittmuster zuschneiden. Dabei darauf achten, dass die Halsausschnitte ohne Ntzg zugeschnitten werden.

**2** Ein Ende jedes Kordelstückes mit einem Knoten versehen. Die Teile der Raupe nacheinander aufbügeln. Dabei mit dem letzten Stück der Raupe beginnen und jeweils 2 Kordelstücke ca. 1 cm unter das aufzubügelnde Teil schieben. Alle Teile mit engem Zickzackstich applizieren. Das Gesicht aufsticken.

**3** VT und RT r-a-r zusammensteppen, dabei den Halsausschnitt offen lassen.

**4** Die Ntzg kürzen und in den Ecken zwischen den einzelnen Raupenteilen bis knapp an die Naht einschneiden. Das Lätzchen wenden und den Halsausschnitt knappkantig zusammensteppen. Die Naht darf später nicht unter dem Schrägband hervorschauen. Das Schrägband so um den Halsausschnitt herum anbringen, dass das Bindeband auf beiden Seiten gleich lang ist. Die offenen Kanten des Schrägbandes zusammennähen, dabei die Enden nach innen schlagen.

# Kirschkernkissen-Schildkröte

→ tut so gut, wenn das Bäuchlein grummelt ...

**GRÖSSE**
ca. 27 cm x 21 cm

**MATERIAL**
- Baumwollstoff in Rosa mit roten Herzen, Rest
- Baumwollstoff in Weiß mit blauen Blumen, Rest
- Baumwollstoff in Hellblau mit Blumen, Rest
- Baumwollstoff in Weiß (Innenkissen), 20 cm
- Nickistoff in Weiß (Panzer-Rand und Rückseite), 20 cm
- Nickistoff in Pink, 10 cm
- Klettband in Weiß, 1 cm breit, 3,5 cm lang
- Stickgarn in Schwarz
- Kirschkerne
- Füllwatte

**SCHNITT-MUSTER-BOGEN 2 B (PINK)**

**1** Für den Patchworkstoff des Panzers aus dem weißen Stoff Streifen von je 40 cm Länge und 1x 3 cm Breite, 2x 3,5 cm Breite, 1x 4 cm Breite, 1x 4,5 cm Breite und 1x 6 cm Breite zuschneiden, jeweils inkl. 1 cm Ntzg. Aus dem rosafarbenen Stoff Streifen von je 40 cm Länge und 1x 3 cm Breite, 1x 3,5 cm Breite und 1x 4,5 cm Breite zuschneiden, jeweils inkl. 1 cm Ntzg. Aus dem hellblauen Stoff Streifen von je 40 cm Länge und 1x 4,5 cm Länge und 1x 5,5 cm Breite zuschneiden, jeweils inkl. 1 cm Ntzg. Diese Streifen in der Reihenfolge Weiß, Rosa, Weiß, Blau, Weiß, Rosa usw. jeweils r-a-r zu einem großen Rechteck zusammennähen. Die Ntzg immer in den weißen Streifen feststeppen.

**2** Das Rechteck gegen die Nährichtung in 12 Streifen verschiedener Breiten schneiden und diese Streifen wieder r-a-r zu einem Rechteck zusammensteppen. Dabei darauf achten, dass die Streifen immer leicht versetzt zusammengenäht werden, so dass die gleichfarbigen Stoffe nicht direkt aneinanderliegen. Aus diesem Rechteck den Panzer 1x gemäß Schnittmuster zuschneiden und das Teil sofort mit Zickzackstich umnähen, um die Karos miteinander zu verbinden. Alle übrigen Teile gemäß Schnittmuster aus den jeweiligen Stoffen zuschneiden.

**3** Den Rand des Panzers an der unteren Kante des Panzers r-a-r festnähen. Je 2 Beine r-a-r zusammennähen und durch die Wendeöffnung wenden. Alle Beine leicht mit Füllwatte stopfen und die Öffnung mit Zickzackstich schließen. Die beiden Kopfteile r-a-r zusammensteppen und, wie bei den Beinen beschrieben, wenden, stopfen und schließen. An den beiden RT die Ntzg der Verschlusskanten versäubern, nach innen schlagen und feststeppen.

**4** Die Klettbandstücke gemäß Schnittmuster aufsteppen. Die beiden RT mit dem Klettband übereinander fixieren und am Rand die beiden überlappenden Teile innerhalb der Ntzg zusammensteppen. VT und RT des Panzers r-a-r zusammennähen, dabei den Kopf und die Beine gemäß Schnittmuster mitfassen. Die Schildkröte wenden.

**5** Die Augen und die Nase aufsticken. Für die Haare 3x 10 cm lange Stickgarnfäden einziehen, verknoten und auf die gewünschte Länge kürzen. Für den Innensack des Kirschkernkissens die beiden Teile r-a-r bis auf die Wendeöffnung zusammennähen, wenden und mit Kirschkernen füllen. Die Ntzg der Öffnung nach innen schlagen und zusammensteppen. Das Kirschkernkissen in die Schildkröte stecken.

# Bettnestchen

→ schlaf' in himmlischer Ruh'

**GRÖSSE**
für Bett 70 cm x 1,40 m

**MATERIAL**
- Baumwollstoff in Hellblau mit weißen Schafen, 40 cm
- Baumwollstoff in Hellblau mit Blumen, 40 cm
- Baumwollstoff in Hellblau, 20 cm
- Baumwollstoff in Weiß, Rest
- Volumenvlies zum Aufbügeln, 90 cm breit, 50 cm lang
- Schrägband in Weiß, 6 m
- Kordel in Weiß, ø 5 mm, 3x 12 cm

**SCHNITT-MUSTER-BOGEN 2B (ROT)**

**1** Die beiden oberen Teile des Kopfteils gemäß Schnittmuster zuschneiden. Für die Seitenteile und das Kopfteil aus Schaf- und Blumen-Stoff die Streifen inklusive 1 cm Ntzg 2x 72 cm x 18 cm und 4x 78 cm x 18 cm zuschneiden. Aus Volumenvlies 1x 70 cm x 32 cm, 2x 76 cm x 32 cm und die Wolkenteile jeweils ohne Ntzg (ein Teil aus Volumenvlies pro Wolke) zuschneiden.

**2** Das Schrägband auf der gesamten Länge zusammenfalten und die offene Seite zusteppen. In 15 Stücke à 40 cm schneiden. Die Enden jeweils mit einem Knoten versehen. Die Hälfte der Wolkenteile mit Volumenvlies bebügeln. Jeweils eine Wolke mit und eine Wolke ohne Volumenvlies r-a-r bis auf die Wendeöffnung zusammennähen. Dabei jeweils ein Stück Kordel gemäß Markierung auf dem Schnittmuster zwischen den beiden Wolkenteilen mitfassen. Die Wolken wenden und die Öffnungen mit Matratzenstich schließen.

**3** Jeweils 3 Streifen aus Schaf- und Blumen-Stoff (je einen kurzen und zwei lange Streifen) r-a-r zu einem langen Streifen zusammennähen. Dabei das kürzere Teil in der Mitte platzieren. Die beiden Stoffstreifen r-a-r zusammensteppen und an der oberen Kante des Kopfteils das obere Kopfteil r-a-r ansetzen. Die Ntzg im jeweils darüberliegenden Streifen feststeppen. Das Volumenvlies auf das VT bügeln. Dabei die Ntzg beachten.

**4** Die Schrägbandstreifen mittig falten und innerhalb der Ntzg des VT je nach Bettgestell an den oberen und unteren Kanten verteilt feststeppen, dabei je 3 an den oberen und unteren Kanten der Seitenteile (rechts, links und Mitte) und 3 an der oberen Kante des oberen Kopfteils (Mitte und vor Beginn der Rundung).

**5** Die Kordeln der Wolken gemäß Schnittmuster ebenfalls innerhalb der Ntzg feststeppen. VT und RT bis auf ca. 40 cm an der unteren Kante des Kopfteils als Wendeöffnung r-a-r zusammennähen und wenden. Am Rand rundherum knappkantig absteppen und dabei die Wendeöffnung schließen. Dafür die Kordeln der Wolken und die Bänder nach außen klappen und nicht mitsteppen! Eine Trennlinie zwischen den Seiten- und dem Kopfteil entlang der senkrechten Nähte steppen.

# Für die Größeren

Ob mit selbst genähten Puppen, Kasperlefiguren oder schrägen Vögeln – kleine Kinder lieben es zu spielen. Mit bunten Körben wird sogar das Aufräumen zum Kinderspiel, und wenn sie sich in ihre gemütliche Tierdecke kuscheln können, finden auch die wildesten unter ihnen zur Ruhe.

- Außerirdischer Freak
- Kindergartentasche und Turnbeutel
- Kinderschürze mit Maus
- Puppe
- Puppentheater
- Prinzessin, Prinz und Drache
- Wärmflasche „Schwein"
- Sitzsack „Zwerg"
- Schlaf-Kissen
- Kulturbeutel zum Aufrollen
- Kegelspiel „Vögel"
- Kuscheldecke
- Aufbewahrungskörbe

# Außerirdischer Freak

→ nach Hause telefonieren?

Alle Teile gemäß Schnittmuster zuschneiden.

## Wurm

Die Kopfteile r-a-r an die Körperteile steppen. Das Schrägband mittig falten und zusammensteppen. Jeweils ein Ende mit einem Knoten versehen. Die beiden Wurmteile bis auf die Wendeöffnung r-a-r zusammennähen und dabei gemäß Schnittmuster die Schrägbandstücke als Fühler mitfassen. Den Wurm wenden, mit Füllwatte stopfen und die Öffnung mit Matratzenstich schließen. Mit schwarzem Perlgarn das Gesicht aufsticken.

## Außerirdischer

**1** Je 2 Fußteile r-a-r aufeinanderlegen und die vorderen Fußnähte steppen. Die Beinteile r-a-r an die obere Fußkante nähen. Die hinteren Beinnähte schließen. Die Sohle r-a-r in die Füße einpassen und steppen. Die Ntzg kürzen und die Beine wenden. Die Füße bis zur Hälfte mit Granulat füllen, dann den restlichen Fuß und die Beine mit Füllwatte stopfen. Nach dem Stopfen die Öffnung innerhalb der Ntzg mit Zickzackstich schließen, damit nichts mehr herausrutschen kann.

**2** Die Hände r-a-r an die Arme steppen. Jeweils 2 Armteile bis auf die Wendeöffnung r-a-r zusammennähen. Die Arme wenden, wie bei den Beinen beschrieben, stopfen und schließen. Die beiden RT r-a-r bis auf die Wendeöffnung zusammennähen. Die Arme und Beine innerhalb der Ntzg des Körper-RT befestigen.

**3** Die Tasche rundum versäubern. Die obere Ntzg nach innen schlagen und feststeppen. Die Tasche gemäß Schnittmuster auf das Körper-VT stecken und dabei die Ntzg während des Feststeckens nach innen schlagen. Die Tasche knappkantig auf den Bauch steppen. Die beiden Körperteile r-a-r aufeinanderstecken. Die Arme und Beine dabei durch die Rückenöffnung nach außen führen, um das Nähen zu erleichtern. Den Körper bis auf die Halsöffnung rundherum zusammennähen.

**4** Die Fühlerkugeln r-a-r an die Fühlerstangen nähen. Je 2 Fühlerteile r-a-r zusammensteppen und die Ntzg kürzen. Die Fühler wenden und mit Füllwatte stopfen. Die beiden Kopfteile r-a-r aufeinandernähen und dabei die Fühler gemäß Schnittmuster mitfassen. Den Kopf durch die Halsöffnung wenden. Die Sicherheitsaugen einsetzen. Dafür jeweils den Zapfen des Auges zuerst durch eine weiße Filzscheibe stecken, dann durch den Kopf führen und von innen befestigen. Den Kopf an den Körper nähen. Dafür den Kopf durch die Rückenöffnung so von innen in die Halsöffnung schieben, dass die beiden Kanten der Öffnungen übereinanderliegen. Darauf achten, dass die Vorderseite des Kopfes auf der Vorderseite des Körpers zu liegen kommt.

**5** Den Hals rundherum zusammensteppen. Den Körper mit Kopf wenden und mit Füllwatte stopfen. Die Rückenöffnung mit Matratzenstich schließen. Den Mund aufsticken. Das seitliche Nasenteil r-a-r zur Runde schließen. Das vordere Nasenteil r-a-r einsetzen. Die Nase mit Füllwatte stopfen und mit Matratzenstich gemäß Schnittmuster am Gesicht befestigen. Den Wurm in die Bauchtasche schieben.

# Kindergartentasche und Turnbeutel

→ wann darf ich endlich in den Kindergarten?

**GRÖSSE**
Kindergartentasche ca. 24 cm x 21 cm
Turnbeutel ca. 32 cm x 39 cm

**MATERIAL**
**KINDERGARTENTASCHE**
- Baumwollstoff in Weiß mit orange-farbenen Blumen, 55 cm
- Baumwollstoff in Hellgrün mit Spiralen, 25 cm
- Baumwollstoff in Gelb mit kleinen orangefarbenen Punkten, Rest
- Nickistoff in Weiß und Orange, Rest
- Vliesofix, Rest
- Vlieseline H 250, 35 cm
- Schrägband in Gelb mit kleinen orangefarbenen Punkten, 40 cm
- Klettband in Weiß, 2 cm breit und 2 cm lang
- Stickgarn in Schwarz, Rest
- 2 Wackelaugen, oval, 7 mm hoch
- UHU Alleskleber kraft

**TURNBEUTEL**
- Baumwollstoff in Hellgrün mit Spiralen, 15 cm
- Baumwollstoff in Gelb mit kleinen orangefarbenen Punkten, 10 cm
- Baumwollstoff in Weiß mit orange-farbenen Blumen, 25 cm
- Kordel in Gelb, ø 5 mm, 1,50 m

**SCHNITTMUSTERBOGEN**
**2A (GRÜN)**

## Kindergartentasche

1 Für die Außentasche je 1 vorderes und rückwärtiges Taschenteil (plus Ntzg), 1 Taschendeckel (außer an der oberen geraden Kante ohne Ntzg) und 1 Mittelstreifen 65 cm x 8 cm (inkl. 1 cm Ntzg) jeweils mit Vlieseline verstärkt zuschneiden. Für die Innentasche die gleichen Teile ohne Vlieseline zuschneiden. Für das Trageband einen Streifen 16 cm x 92 cm schneiden. Die Teile für die Applikation gemäß Schnittmuster ausschneiden.

2 Zuerst den Bärenkopf, danach die Ohren und die Nase gemäß Schnittmuster auf das äußere Taschendeckelteil bügeln. Alle Teile mit engem Zickzackstich applizieren. Den Mund mit engem Zickzackstich aufnähen und die Punkte auf den Wangen von Hand aufsticken.

3 Die beiden Klettbandstücke auf das innere Taschendeckelteil bzw. das vordere Taschenteil der Außentasche nähen. Die beiden Taschendeckelteile links auf links knappkantig zusammensteppen. Die Naht darf später nicht unter dem Schrägband hervorschauen. Den Deckelrand mit Schrägband einfassen. Die Außentasche zusammennähen. Dafür den Mittelstreifen r-a-r an das VT und anschließend an das RT der Außentasche nähen. Mit der Innentasche genauso verfahren. Die Außentasche wenden. Den Taschendeckel r-a-r an das RT der Außentasche steppen.

4 Für das Trageband die beiden Längsseiten zuerst jeweils 4 cm nach innen einschlagen, sodass die beiden Außenkanten in der Mitte aneinanderliegen. Danach den Streifen noch einmal falten, sodass die endgültige Breite 4 cm beträgt. Das Band knappkantig zusammensteppen. Jeweils ein Bandende auf der rechten Seite an ein Mittelstreifenende der Außentasche nähen. Die Außentasche so in die Innentasche schieben, dass die oberen Kanten aufeinanderliegen. Die beiden Taschenteile zusammennähen, dabei jedoch die hintere Kante als Wendeöffnung offen lassen. Die Ntzg kürzen und die Tasche wenden. Die Öffnung mit Matratzenstich schließen und die Wackelaugen aufkleben.

## Turnbeutel

1 Alle Teile gemäß Schnittmuster zuschneiden. Dafür den Schnitt laut Markierung in 3 Streifen schneiden. Die beiden Knopflöcher laut Markierung nähen. Die Stoffstreifen r-a-r wie in der Abbildung zu Vorder- und RT zusammennähen. Die Ntzg umbügeln und absteppen.

2 VT und RT r-a-r zusammennähen. Dabei die obere Kante und das Loch für die Kordel offen lassen. An der offenen Seite die Ntzg versäubern und nach innen schlagen. Den Tunnel gemäß Markierung absteppen. Die Kordel einziehen, die beiden Enden durch das Loch im Turnbeutel fädeln und feststeppen.

# Kinderschürze mit Maus

→ backe, backe Kuchen …

**GRÖSSE**
ca. 45 cm x 58,5 cm

**MATERIAL**
◆ Baumwollstoff in Weiß mit oran-
  gefarbenen Blumen, 50 cm
◆ Baumwollstoff in Gelb mit kleinen
  orangefarbenen Punkten, 15 cm
◆ Baumwollstoff in Weiß, Rot und
  Hellgrau, Rest
◆ Vliesofix, Rest
◆ Schrägband in Gelb mit kleinen
  orangefarbenen Punkten, 2,20 m
◆ Herzknopf in Weiß, ø 1,2 cm
◆ Perlgarn in Gelb
◆ Stickgarn in Rot
◆ Textilstift in Schwarz

**SCHNITTMUSTER-
BOGEN 2A (SCHWARZ)**

**1** Das Schürzenteil und die Teile für die Applikation gemäß Schnittmuster zuschneiden. Die Schürze der Maus jedoch ohne Vliesofix ausschneiden. Aus Baumwollstoff in Gelb mit kleinen orangefarbenen Punkten für die seitlichen Bänder 2x 47 cm x 7 cm und für das Band um den Hals 1x 62 cm x 7 cm (jeweils inkl. 1 cm Ntzg) zuschneiden.

**2** Zuerst den Körper der Maus, danach die Mütze und den Kochlöffel und zum Schluss die Hand der Maus aufbügeln und alle Teile mit engem Zickzackstich applizieren. Die Tasche auf die Schürze der Maus bügeln und mit Festonstich verzieren. Den Mund mit engem Zickzackstich aufnähen. Die Augen mit Textilstift aufmalen.

**3** Die Schürze mit Schrägband einfassen. Dafür mit der langen Kante rundherum beginnen, anschließend die Armausschnitte und zuletzt die obere gerade Kante versäubern. Dabei darauf achten, dass die Enden des Schrägbandes am unteren Ende des Armausschnittes und die Enden an der oberen Kante jeweils nach innen geschlagen werden müssen. An den Schürzenbändern jeweils an zwei langen und einer kurzen Seite die Ntzg nach innen schlagen und das Band der Länge nach mittig so falten, dass die Ntzg innen liegen (fertige Breite 2,5 cm).

**4** Die Bänder absteppen. Die nicht eingeschlagenen Seiten der Bänder gemäß Schnittmuster an die Seiten der Schürze nähen. In das Band um den Hals Knopflöcher (1,5 cm) für die Längenregulierung nähen. Dafür bei 48 cm Länge das erste und dann alle 3 cm noch 4 weitere Knopflöcher arbeiten. Den Knopf auf der Rückseite der Schürze gemäß Schnittmuster befestigen.

**5** Für die Schürze der Maus die beiden Schürzenteile r-a-r zusammennähen und dabei die Wendeöffnung offen lassen. Die Ntzg kürzen und die Schürze wenden. Die Ntzg an der Öffnung nach innen schlagen und zusteppen. An den 4 oberen Ecken der Mäuse-Schürze gemäß Schnittmuster jeweils einen ca. 15 cm langen Perlgarnfaden befestigen. Die Mini-Schürze der Maus „anziehen", indem das Perlgarn mit einer Nadel auf die Rückseite der großen Schürze gezogen und dort verknotet wird.

**GRÖSSE**
ca. 40 cm

**MATERIAL**
**PUPPE**
◆ Nickistoff in Pink, 20 cm
◆ Nickistoff in Hautfarbe,
  15 cm
◆ Wolle (Haare), 60x 40 cm
◆ Perlgarn in Dunkelrot
◆ 2 Glasaugen in Schwarz,
  ø 4 mm
◆ 2 Haargummis in Weiß mit
  Perlen
◆ Füllwatte

**T-SHIRT**
◆ T-Shirt-Jersey in Pink, Rest
◆ Druckknopf, ø 8 mm
◆ Motiv zum Aufbügeln,
  ca. 3 cm hoch

**ROCK**
◆ leichter Baumwollstoff in
  Weiß mit Blumen, Rest
◆ Gummiband, 4 mm breit,
  ca. 17 cm lang

**KLEID**
◆ Nickistoff in Rosa mit kleinen roten Punkten, Rest
◆ Filzblume in Grün mit
  rosafarbener Mitte, ø 4 cm
◆ 2 Knöpfe in Rosa, ø 8 mm

**SCHNITTMUSTER-
BOGEN 2B (GRÜN)**

# Puppe

→ zum Anziehen und Liebhaben

Alle Teile gemäß Schnittmuster zuschneiden. Für den Rock je 1 Streifen inkl. 0,5 cm Ntzg von 26 cm x 4 cm (obere Rockbahn), 36 cm x 4 cm (mittlere Rockbahn) und 46 cm x 4 cm (untere Rockbahn) zuschneiden.

## Puppe

**1** Für die Beine je 1 Fußteil und 1 seitliches Schuhseitenteil r-a-r an der langen Kante entlang zusammennähen. Je 1 Bein r-a-r an die obere Fußkante steppen. Die hintere Bein-, Fuß- und Schuhnaht r-a-r schließen. Die Schuhsohle r-a-r einpassen und steppen. Die Beine mit Füllwatte stopfen. Die offene Kante so zusammenlegen, dass die hintere Beinnaht hinten in der Mitte liegt. Innerhalb der Ntzg mit Zickzackstich schließen.

**2** Die beiden rückwärtigen Körperteile r-a-r, bis auf die Wendeöffnung, zusammennähen. Das vordere und rückwärtige Körperteil an der Unterkante r-a-r zusammensteppen und dabei die Beine gemäß Schnittmuster mitfassen. Die Beine liegen dabei zwischen den beiden Körperteilen und zeigen nach innen. Je 2 Armteile r-a-r zusammennähen, wenden und mit Füllwatte stopfen. Die beiden Körperteile r-a-r an den Seiten zusammensteppen und dabei die Arme mitfassen. Dafür die Arme und Beine durch die Rückenöffnung nach außen stecken. Die Schulternaht bis auf die Halsöffnung schließen und den Körper wenden.

**3** Für die Haare die in der Mitte gefalteten Wollestücke jeweils innerhalb der Ntzg mit Zickzackstich fixieren. Dafür zuerst an der Mittelnaht des Hinterkopfes pro Seite 15 Wollfäden befestigen. Weitere 30 Fäden, wie beschrieben, gemäß Markierung auf dem Schnittmuster am vorderen Kopfteil fixieren. Darauf achten, dass die Haare eng beieinanderliegen und bei dünnerer bzw. dickerer Wolle gegebenenfalls die Anzahl der Wollfäden anpassen. Die Mittelnaht am Hinterkopf r-a-r von oben her bis zur Markierung O schließen. Das rückwärtige und das vordere Kopfteil r-a-r zusammennähen. Dabei die Haare durch die Öffnung im Hinterkopf stecken. Den Kopf wenden. Die mittlere Hinterkopfnaht bis an die Halskante mit Matratzenstich schließen. Den Kopf mit Füllwatte stopfen. Den Kopf mit Matratzenstich an die Halsöffnung nähen. Dabei die Ntzg jeweils nach innen schlagen.

**4** Den Körper mit Füllwatte stopfen und die Rückennaht mit Matratzenstich schließen. Die Haare mit reißfestem Faden zu 2 Zöpfen binden und mit den Haargummis verzieren. Den Kreis für die Nase gemäß Schnittmuster mit Vorstich einkräuseln, etwas Füllwatte in die Mitte legen und zu einer Kugel zusammenziehen. Die Fäden fest verknoten, die Enden mit einer Nadel in die Kugel ziehen und die Fäden abschneiden. Die Nase gemäß Schnittmuster mit Matratzenstich auf dem Kopf festnähen. Den Mund aufsticken und die Glasaugen einziehen.

**WEITERFÜHRUNG**
### Puppe

## Kleid

Die unteren Kanten der Belegteile und die Saumkante des Kleides versäubern. Die beiden Belegteile r-a-r aufeinanderlegen und an den Seitennähten zusammennähen. Die Seitennähte des Kleides r-a-r schließen. Den Beleg r-a-r rundherum an VT und RT des Kleides nähen. Den Beleg nach innen schlagen und knappkantig feststeppen. Die Träger des RT auf den Trägern des VT fixieren. Dabei jeweils 1 kleinen Knopf befestigen. Die Filzblüte mit ein paar Stichen aufnähen oder mit Textilkleber fixieren.

## T-Shirt

Die Ntzg an den Kanten der rückwärtigen Mittelnaht versäubern und die Mittelnaht r-a-r bis zur Markierung zusammensteppen. Die offene Verschlusskante knappkantig feststeppen. Die Ntzg an der unteren Saumkante von VT, RT und Ärmeln versäubern. Die Ntzg an den Ärmelsäumen nach innen umschlagen und feststeppen. Das Bügelmotiv auf das VT bügeln. Die Schulternähte r-a-r schließen. Die Ärmel r-a-r einsetzen und die Seitennähte des T-Shirts schließen. Die Ntzg am unteren T-Shirt-Saum nach innen schlagen und feststeppen. Die Unterkante des Halsausschnittbelegs versäubern. Den Beleg r-a-r an den Halsausschnitt des T-Shirts steppen. Den Beleg nach innen schlagen und knappkantig von außen feststeppen. Den Druckknopf als Verschluss am RT des T-Shirts annähen.

## Rock

Die obere Rockbahn an der oberen und die untere Rockbahn an der unteren Kante versäubern. Die mittlere und die untere Rockbahn jeweils an der oberen Kante auf die Breite des darüberliegenden Streifens einkräuseln. Die Rockbahnen r-a-r aneinandernähen und die Nähte jeweils nach oben hin absteppen. Das Gummiband auf der linken Seite innerhalb der Ntzg des Rockbundes mit Zickzackstich feststeppen. Dabei den Gummi beim Nähen auf die Breite des Rockbundes ziehen. Die Ntzg mit dem angenähten Gummiband nach innen schlagen und feststeppen. Die hintere Rocknaht r-a-r schließen. Die Ntzg am Rocksaum nach innen schlagen und feststeppen.

### Tipp
**Die Puppe wegen der Haare von unten her anziehen!**

# Puppentheater

→ seid ihr alle da?

**GRÖSSE**
ca. 77 cm x 170 cm

**MATERIAL**
- Baumwollstoff in Weiß,
  90 cm breit, 2,60 m lang
- Baumwollstoff in Hellgrün mit
  Blumen, 25 cm
- Baumwollstoff in Hellgrün mit
  weißen Schafen, 70 cm
- Baumwollstoff in Rot mit kleinen
  rosafarbenen Punkten, 45 cm
- Baumwollstoff in Hellblau mit
  Spiralen, 15 cm
- Baumwollstoff in Hellblau mit
  kleinen Punkten, 15 cm
- Vliesofix, 90 cm breit, 40 cm lang
- Vlieseline H 250, 77 cm x 1,70 m
- Schrägband in Hellgrün, 1,55 m
  und Hellblau, 2 m, jeweils mit
  kleinen Punkten
- Kordel in Rot, ø 5 mm, 2x 40 cm
- 4 Blumen-Knöpfe in Blau,
  ø ca. 1 cm
- Rundholz in Weiß, ø 1,5 cm,
  ca. 10 cm länger als die Breite
  des Türrahmens, an dem das
  Puppentheater befestigt wird
- 2 Ringschrauben (Schraubösen),
  Innendurchmesser ca. 1,7 cm

**SCHNITTMUSTER-
BOGEN 2A (ORANGE)**

1 Alle Teile für die Applikation gemäß Schnittmuster zuschneiden. Dabei darauf achten, dass alle Teile an den Seiten, die in Richtung Spielöffnung zeigen, mit 1 cm Ntzg zugeschnitten werden.

2 Für die Vorderseite des Puppentheaters Baumwollstoff in Weiß gemäß Schnittmuster mit 1 cm Ntzg an der Spielöffnung und den beiden schmalen Kanten unten, Baumwollstoff in Hellgrün mit Blumen mit 77 cm x 22 cm und Baumwollstoff in Hellgrün mit weißen Schafen mit 77 cm x 66 cm zuschneiden. Für die Rückseite des Puppentheaters Baumwollstoff in Weiß mit 77 cm x 170 cm (Ausschnitt für Spielöffnung gemäß Schnittmuster mit 1 cm Ntzg ausschneiden) zuschneiden. Für die Vorhänge aus Baumwollstoff in Rot mit kleinen rosafarbenen Punkten 1x 69 cm x 15 cm und 2x 26,5 cm x 60 cm zuschneiden.

3 Die beiden hellgrünen Stoffstreifen für das VT an einer langen Seite r-a-r zusammennähen. Den weißen Burghintergrund mit den beiden kurzen Kanten r-a-r an den hellgrünen Blumenstoff nähen. Die Vlieseline auf die Rückseite des kompletten VT bügeln und die Spielöffnung ausschneiden. Alle Teile aufbügeln und mit engem Zickzackstich applizieren. Die Fenster- und Türlinien ebenfalls mit engem Zickzackstich aufnähen. VT und RT des Puppentheaters links auf links aufeinanderlegen und an den Außenkanten knappkantig zusammensteppen. Die Naht darf später nicht unter dem Schrägband hervorschauen.

4 Die Spielöffnung entlang der Ntzg-Kante aus dem RT ausschneiden. Die Ntzg der Spielöffnung an VT und RT nach innen bügeln und die Kanten der Spielöffnung zusammensteppen. Die Außenkanten des Puppentheaters mit den Schrägbändern einfassen. Dabei für den unteren Bereich an den hellgrünen Stoffen das hellgrüne und im oberen Bereich das hellblaue Band verwenden. Aus dem restlichen hellblauen Schrägband die Schlaufen zum Aufhängen nähen. Dafür 6x 7 cm zuschneiden. Die Streifen mittig so falten, dass die offene Kante innen liegt. Die Schlaufen ca. 1 cm überlappend von hinten an die obere Kante des Puppentheaters steppen. Die beiden Kordelstücke an den Enden jeweils mit 1 Knoten versehen und mittig gemäß Markierung auf dem Schnittmuster auf der Rückseite des Puppentheaters feststeppen.

5 Für die seitlichen Vorhänge an den beiden gleich großen Stoffstücken zuerst an den beiden langen, dann an einer kurzen Seite je einen 1 cm breiten Doppelsaum nähen. Für den oberen Vorhang rundherum einen 1 cm breiten einfachen Saum nähen. Die seitlichen Vorhänge nebeneinander mit der ungesäumten Seite ca. 0,5 cm überlappend auf die obere Kante der Spielöffnung steppen. Den oberen Vorhang an einer Längsseite auf die Breite der Spielöffnung, 45 cm, einkräuseln und 1 cm überlappend auf die obere Kante der Spielöffnung über die seitlichen Vorhänge steppen.

6 Die beiden Ringschrauben an der Außenseite des Türrahmens befestigen. Das Rundholz durch die Schlaufen fädeln und zum Aufhängen des Puppentheaters in die Ringschrauben schieben.

# Prinzessin, Prinz und Drache

→ es war einmal ...

**GRÖSSE**
ca. 30 cm

**MATERIAL**
**PRINZ**
- Nickistoff in Hautfarbe, Rest
- Baumwollstoff in Rot, 20 cm
- Baumwollstoff in Gelb mit kleinen orangefarbenen Punkten, Rest
- Fleece in Weiß, 5 cm x 30 cm (Mantelsaum) und 4 cm x 11 cm (Halsausschnitt), jeweils inkl. 0,5 cm Ntzg
- 2 Augen in Schwarz, ø 6 mm

- Füllwatte
- Perlgarn in Schwarz
- Textilstift in Schwarz
- Wolle (Haare), 4x 8 cm
- reißfester Faden

**PRINZESSIN**
- Nickstoff in Hautfarbe, Rest
- Baumwollstoff in Weiß mit rosa Herzen, 20 cm
- Rüschenborte in Rosa mit Blümchen, 22 mm breit, 11 cm lang (Hals) und 30 cm lang (unterer Kleidersaum)

- 2 Augen in Schwarz, ø 6 mm
- 2 Herzknöpfe in Pink, ø 6 mm
- Füllwatte
- Perlgarn in Schwarz
- reißfester Faden
- Wolle (Haare), 26x 40 cm
- elastische Tüllborte mit Pailletten besetzt in Rosa, 2x 35 cm (Haarbänder)
- 3 Wachsperlen in Rosa, ø 8 mm
- 6 Wachsperlen in Perlmutt, ø 6 mm

- Alu-Draht, ø 1,5 mm, 30 cm

**DRACHE**
- Nickistoff in Orange, 25 cm
- Filz in Grün (Rückenzacken), Rest
- 2 Glasaugen in Schwarz, ø 7 mm
- Perlgarn in Schwarz
- Füllwatte
- reißfester Faden

**SCHNITTMUSTER-BOGEN 2A (PINK)**

Alle Teile gemäß Schnittmuster zuschneiden. Die Zacken für den Drachen aus Filz ohne Ntzg zuschneiden.

## Prinz

**1** Die Arme r-a-r an VT und RT des Körpers nähen. Beide Körperteile r-a-r bis auf die Handöffnung zusammensteppen. Die untere Saumkante versäubern, die Ntzg nach innen schlagen und feststeppen. Die 4 Wollfäden für die Haare jeweils in der Mitte falten und an der oberen Kante des vorderen Kopfteils verteilt innerhalb der Ntzg mit Zickzackstich fixieren. Die beiden Kronenteile r-a-r zusammennähen und die Ntzg kürzen. Die Krone wenden und leicht stopfen. Die offene Unterkante mit Zickzackstich innerhalb der Ntzg schließen. Die beiden Kopfteile r-a-r zusammennähen und die Krone mitfassen. Die Ntzg kürzen und den Kopf wenden. Den Kopf mit Füllwatte stopfen. Die Ntzg am Hals nach innen schlagen und den Kopf mit Matratzenstich über den „Fingerling" am Körper nähen.

**2** Die beiden Fleecestreifen jeweils der Länge nach r-a-r zusammenlegen, an den Längsseiten zusammennähen und wenden. Die Ntzg an den offenen Seiten nach innen schlagen und mit Matratzenstich zusammennähen. Den Fleecestreifen für den Halsausschnitt-Saum vor dem Zusammennähen um den Hals legen. Die beiden Saumstreifen am Körper fixieren; am Halsausschnitt mit kleinen Stichen von Hand und am unteren Rand des Mantels mit der Nähmaschine aufsteppen.

**3** Mit Textilstift die schwarzen Punkte auf den Mantelsaum malen. Den Mund aufsticken und die Glasaugen befestigen.

## Prinzessin

**1** Den Körper nähen, wie beim Prinz beschrieben. Für die Haare die in der Mitte gefalteten Wollfäden jeweils innerhalb der Ntzg mit Zickzackstich fixieren. Dafür zuerst am Hinterkopf in der Mittelnaht pro Seite 7 Wollfäden befestigen. Die beiden Hinterkopfteile r-a-r an der Mittelnaht zusammennähen. Weitere 12 Fäden, laut Markierung auf dem Schnittmuster, am vorderen Kopfteil fixieren. Die Haare zu 2 Zöpfen zusammenbinden und 3 Haare auf Ponylänge kürzen. Die Spitze als Zopfbänder einknoten.

**2** Die Rüschenborte von Hand um den Hals und mit der Nähmaschine ans Kleid nähen. Dabei die Enden der Borte jeweils nach innen schlagen. Den Mund aufsticken und die Glasaugen befestigen. Die Herzknöpfe als Wangen annähen.

**3** Für das Diadem die Perlen folgendermaßen auf den Draht fädeln: 1 weiße, 1 rosafarbene, 2 weiße, 1 rosafarbene, 2 weiße, 1 rosa-farbene und 1 weiße. Den Draht ca. 4 cm von einem Ende entfernt zu einem Kringel drehen. Die ersten 3 Perlen an den Kringel schieben und den Draht mit den Perlen zu einem Bogen biegen. Am Ende der 3 Perlen den Draht wieder zu einem Kringel legen und die nächsten 3 Perlen nachschieben. Den mittleren Bogen etwas größer biegen als den vorherigen. Den letzten Bogen wie den ersten arbeiten. Die beiden Enden des Diadems zu kleinen Schlaufen formen und wie Brillenbügel nach hinten biegen, unter die Haare schieben und durch die Schlaufen mit ein paar Stichen fixieren.

## Drache

**1** Die Schwanzteile r-a-r zusammennähen. Dabei 2 Filzzacken gemäß Schnittmuster mitfassen. Den Schwanz wenden und leicht mit Füllwatte stopfen. Die offene Seite innerhalb der Ntzg mit Zickzackstich schließen. Die beiden RT r-a-r zusammensteppen, dabei 2 Filzzacken und den Schwanz mitfassen.

**2** Den restlichen Körper nähen, wie oben beschrieben. Dabei zuerst die Arme an VT und RT nähen, dann VT und RT zusammensteppen. Vor dem Wenden die Ntzg kürzen und an den Händen in den Ecken bis knapp an die Naht einschneiden.

**3** Die Ohrenschlitze gemäß Schnittmuster in die Kopfteile schneiden. Je 2 Ohrenteile r-a-r zusammensteppen und wenden. Von der rechten Seite in die Ohrenschlitze stecken und knappkantig zusammennähen. Die beiden Kopfteile r-a-r zusammennähen, dabei die restlichen 2 Filzzacken mitfassen. Den Kopf wenden und stopfen.

**4** Den Kopf, wie beim Prinz beschrieben, am Körper fixieren. Die Augen befestigen und die Nasenlöcher mit Perlgarn aufsticken.

# *Wärmflasche „Schwein"*

## → für kleine Eisfüßchen

**GRÖSSE**

ca. 60 cm

**MATERIAL**

- Nickistoff in Pink, 40 cm
- Nickistoff in Rosa mit kleinen roten Punkten, 20 cm
- Volumenvlies zum Aufbügeln, 30 cm
- 2 Stück Klettband in Weiß, 1 cm breit, 6,5 cm lang
- 2 Glasaugen in Schwarz, ø 1 cm
- Perlgarn in Schwarz
- Füllwatte
- Granulat
- Wärmflasche, ca. 25 cm lang

**SCHNITTMUSTERBOGEN 2A (LILA)**

**1** Alle Teile gemäß Schnittmuster zuschneiden. Das Volumenvlies für die 3 Körperteile ohne Ntzg zuschneiden und aufbügeln. Jeweils 2 Arm- bzw. 2 Beinteile r-a-r, bis auf die Wendeöffnung, zusammennähen. Die Ntzg kürzen, die Arme und Beine wenden und mit Granulat und etwas Füllwatte leicht stopfen. Die offenen Seiten innerhalb der Ntzg mit Zickzackstich schließen. Die Arme und Beine gemäß Schnittmuster in den Ntzg des Körper-VT feststeppen.

**2** An den beiden RT des Körpers die Ntzg der Verschlusskanten versäubern, nach innen schlagen und feststeppen. Die Klettverschlüsse gemäß Schnittmuster annähen. Die beiden rückwärtigen Körperteile r-a-r so auf das vordere Körperteil legen, dass die Verschlusskanten übereinanderliegen. Rundherum bis auf die Halsöffnung zusammensteppen und dabei die Arme und Beine mitfassen.

**3** Für den Kopf den Schnauzenstreifen r-a-r an der kurzen Seite zur Runde schließen und r-a-r an das vordere Schnauzenteil nähen. Die Schnauze wenden. Je 2 Ohrenteile r-a-r aufeinandernähen, wenden und gemäß Schnittmuster an den Markierungen einschlagen. Die Ohrenschlitze in den seitlichen Kopfteilen r-a-r zusammenlegen, die Ohren dazwischenschieben und die Ohrenschlitznaht schließen. Dabei darauf achten, dass die Ohrmuschel nach vorne in Richtung Nase zeigt. Die beiden seitlichen Kopfteile r-a-r zusammennähen. Dabei bleiben die Hals- und die Schnauzenöffnung offen. Die Schnauze r-a-r so in den Kopf schieben, dass die beiden offenen Kanten übereinanderliegen. Darauf achten, dass sich die Naht des Schnauzenstreifens auf der Unterseite der Schnauze befindet. Den Kopf durch die Halsöffnung wenden und mit Füllwatte stopfen. Den Kopf so in den Körper stecken, dass die beiden offenen Halskanten übereinanderliegen. Die 4 Halskanten zu einer Kante zusammenlegen und zusammensteppen. Den Körper wenden. Die Augen einziehen und die Nasenlöcher aufsticken.

# Sitzsack „Zwerg"

→ gemütlicher Platz für die Vorlesestunde

**GRÖSSE**
ca. 1,30 m

**MATERIAL**
- Nickistoff in Hellgrün mit kleinen Punkten 95 cm
- Nickistoff in Hautfarbe, 60 cm
- Nickistoff in Gelb-Orange gestreift, 1,10 m
- Nickistoff in Gelb mit kleinen Punkten (Boden), 75 cm
- Styroporgranulat, ca. 3-5 mm, ca. 3 kg entspricht ca. 150 Litern
- Volumenvlies zum Aufbügeln, Rest
- 2 Sicherheitsaugen in Schwarz, ø 1,8 cm
- Füllwatte (Nase und Mütze)
- Perlgarn in Schwarz
- Buntstift in Rot
- Stickvlies (z.B. „Tear Easy" von Gütermann) (Mund)

**SCHNITTMUSTER-BOGEN 1A, 1B + 2B (LILA)**

**1** Alle Teile gemäß Schnittmuster ausschneiden. Für die Ohren das Volumenvlies ohne Ntzg zuschneiden und auf die linke Seite der Ohrteile bügeln. Die beiden Mützenteile r-a-r zusammennähen und die Mütze wenden. Die Ntzg der Unterkante versäubern, nach innen schlagen und feststeppen.

**2** Die beiden Kopfteile r-a-r an die beiden Körperteile nähen. Je 2 Ohrenteile r-a-r bis auf die Wendeöffnung zusammennähen, die Ntzg kürzen und die Ohren wenden. Die beiden äußeren Kanten der Ohren jeweils zur Mitte schlagen, um die Ohren auszuformen. Die offene Seite der Ohren innerhalb der Ntzg zusammensteppen und dabei die „Falten" in den Ohren mit fixieren. Die Ohren auf dem vorderen Kopfteil gemäß Schnittmuster fixieren.

**3** Den Kreis für die Nase gemäß Schnittmuster mit Vorstich einkräuseln, etwas Füllwatte in die Mitte legen und zu einer Kugel zusammenziehen. Die Fäden fest verknoten, die Enden mit einer Nähnadel in die Kugel ziehen und die Fäden abschneiden. Die Nase gemäß Schnittmuster mit Matratzenstich auf dem Kopf festnähen. Den Mund mit Perlgarn aufsticken. Dafür einen Streifen Stickvlies von links an der entsprechenden Stelle mit Stecknadeln feststecken. Den Mund sticken und anschließend das Stickvlies vorsichtig abreißen. Die Wangen mit rotem Buntstift aufmalen. Die Sicherheitsaugen anbringen.

**4** Die beiden Körperteile r-a-r zusammennähen. Den Boden r-a-r einsetzen und bis auf die Wendeöffnung zusteppen. Den Zwerg wenden und das Styroporgranulat einfüllen. Die Öffnung mit Matratzenstich schließen. Die Mütze mit Füllwatte stopfen, über den Kopf ziehen und mit Matratzenstich fixieren.

## Tipp

Nähen Sie aus Stoffresten einen Mini-Zwerg (siehe Seite 57)! Er wird genauso genäht wie der große Zwerg. Allerdings hat er nur ca. 1 cm große Sicherheitsaugen und das Mützenteil wird vor dem Zusammennähen an das Kopfteil genäht. Ihre Kinder werden ihn und seinen „großen Bruder" lieben!

# Schaf-Kissen

## → wollige Träume

**GRÖSSE**
ca. 46 cm x 55 cm

**MATERIAL**
- Baumwollstoff in Rosa, 30 cm
- Baumwollstoff in Rosa mit kleinen roten Punkten und Rosa-Rot gestreift, je 20 cm
- Baumwollstoff in Weiß, Rest (Augen)
- Fleece in Natur, 20 cm
- Plüsch in Grau meliert, Rest
- 2 Glasaugen in Schwarz, ø 3 mm
- Klettband in Weiß, 2x 1,5 cm x 3 cm
- Perlgarn in Schwarz
- Stickgarn in Rot
- Füllwatte
- Innen-Kissen, 40 cm x 40 cm

**SCHNITT-MUSTER-BOGEN 1B (PINK)**

**1** Alle Teile gemäß Schnittmuster zuschneiden. Die Kopf- und die Schwanzteile und je 2 Beinteile r-a-r zusammennähen. Dabei alle Teile gemäß Schnittmuster oben offen lassen und durch diese Öffnung wenden. Alle Teile locker mit Füllwatte stopfen.

**2** Den Schwanz und die Beine mit Zickzackstich innerhalb der Ntzg schließen. Innerhalb der Ntzg des Haar-Teils rundherum Vorstiche arbeiten. Durch Zusammenziehen dieses eingezogenen Fadens den Haarschopf auf den Umfang der Kopföffnung bringen. Mit Matratzenstich an den Kopf nähen, dafür hinten in der Mitte beginnen und rundherum fixieren.

**3** Die Kreise für die Augen gemäß Schnittmuster mit Vorstich einkräuseln, etwas Füllwatte in die Mitte legen und zu einer Kugel zusammenziehen. Die Fäden fest verknoten, die Enden mit einer Nadel in die Kugel ziehen und die Fäden abschneiden. Die Glasaugen auf der Vorderseite der Augenkugel einziehen und befestigen. Die fertigen Augen gemäß Schnittmuster mit Matratzenstich auf dem Kopf festnähen. Den Mund und die Nase aufsticken.

**4** Für das Kissen das rosafarbene Quadrat mit einem Namen besticken. Dafür den Schriftzug mit Bleistift aufmalen und mit Stielstich nachsticken. Jeweils 3 Quadrate gemäß Abbildung r-a-r zu Streifen zusammennähen. Anschließend die 3 Streifen zu 1 Quadrat verbinden. Dafür die Streifen nacheinander jeweils r-a-r zusammensteppen. Den Schwanz und die Beine gemäß Schnittmuster innerhalb der Ntzg auf die Vorderseite des Kissens nähen. Dabei darauf achten, die Beine gegengleich laut Abbildung anzubringen.

**5** An den beiden RT des Kissens gemäß Schnittmuster die doppelten Säume nähen und anschließend die beiden Klettbandstücke aufsteppen. Die beiden RT r-a-r so auf das VT nähen, dass die beiden Säume mit dem Klettbandverschluss übereinanderliegen. Dabei die Beine und den Schwanz mitfassen. Das Kissen wenden und mit ein paar Stichen von Hand den Kopf gemäß Abbildung auf dem VT des Kissens fixieren. Das Innen-Kissen einschieben.

## Tipp

Drehen Sie das Kissen zum Waschen auf die linke Seite, damit der Kopf des Schafes im Kissen geschützt ist.

# Kulturbeutel zum Aufrollen

→ für kleine Globetrotter

## GRÖSSE

geschlossen ca. 26 cm x 21 cm,
offen ca. 26 cm x 48 cm

## MATERIAL

- Baumwollstoff in Blau mit großen Punkten, 30 cm
- Baumwollstoff in Weiß mit roten Herzen, 30 cm
- Baumwollstoff in Hellblau mit weißen Schafen, 30 cm
- Baumwollstoff in Weiß, 20 cm
- Baumwollstoff in Hellblau-Blau gestreift, 15 cm
- Baumwollstoff in Hellblau mit kleinen Punkten, 15 cm
- Vlieseline H 250, 90 cm breit, 30 cm lang
- Schrägband in Hellblau, 2x 50 cm und 3x 28 cm, insgesamt 1,84 m
- Schrägband in Rot mit kleinen rosafarbenen Punkten, 32 cm (Aufhänger)
- 2 Reißverschlüsse in Rot, je 24 cm lang
- Klettband in Weiß, 2 cm breit, 4x 3,5 cm lang
- 2 Herzknöpfe in Rot und Weiß, ca. 2 cm

## SCHNITTMUSTERBOGEN 2B (SCHWARZ)

**1** Den Schnitt des inneren Hauptteils an den Reißverschlusskanten teilen. Alle Teile gemäß Schnittmuster und Abbildung zuschneiden. Dabei darauf achten, dass das äußere Hauptteil und das Futterteil auf der Rückseite mit Vlieseline bebügelt sein müssen und alle Außenkanten ohne Ntzg zugeschnitten werden. Die Taschen werden ebenfalls mit Vlieseline bebügelt, die Taschenklappen jedoch nicht.

**2** Am inneren Hauptteil an den Kanten, an denen Ntzg angeschnitten sind, die Ntzg versäubern und nach innen umbügeln. Die Reißverschlüsse jeweils zwischen die entsprechenden Stoffstreifen nähen, indem die umgebügelten Seiten knappkantig aufgesteppt werden. Die obere Kante der Tasche aus hellblauem Baumwollstoff mit kleinen Punkten mit hellblauem Schrägband versäubern.

**3** Diese Tasche gemäß Schnittmuster mit Stecknadeln auf den weißen Herz-Stoff des inneren Hauptteils stecken, dabei die Ntzg an der Unterkante der Tasche nach innen schlagen. Die Tasche an den beiden Seiten mit schmalem Zickzackstich auf dem Herzstoff feststeppen. Die Naht darf später nicht unter dem Schrägband hervorschauen. Die senkrechten Trennlinien gemäß Schnittmuster steppen. Die Unterkante der Tasche jedoch noch nicht steppen! Für die

Taschenklappen jeweils das Klappenteil an der Stoffbruchlinie entlang r-a-r zusammenfalten und die beiden kurzen Seiten zusammennähen. Die Klappen wenden. Die Ntzg an der Öffnung nach innen schlagen und bügeln. An den Taschenteilen alle Ntzg nach innen schlagen und bügeln. Nur die Ntzg an den oberen Kanten feststeppen.

**4** Die Klettverschlüsse gemäß Markierungen aufsteppen, bei den Taschenklappen auf die Unterseite und bei den Taschen auf die Oberseite. Die Taschen knappkantig gemäß Schnittmuster auf das äußere Hauptteil und den weißen Streifen vom inneren Hauptteil steppen. Die Taschenklappen an der oberen Kante entlang gemäß Markierung aufnähen. Dabei wird gleichzeitig die noch offene obere Seite der Klappe verschlossen. Die Knöpfe auf die Taschenklappen nähen.

**5** Die Klettstreifen zum Verschließen des Kulturbeutels laut Schnittmuster aufsteppen. Das Futterteil entlang der Außenkanten mit dem inneren Hauptteil im schmalen Zickzackstich zusammensteppen. Diese Naht darf später nicht unter dem Schrägband hervorschauen. Die hellblaue Tasche mit den kleinen Punkten an der nach innen umgeschlagenen Unterkante auf beiden darunterliegenden Stoffen feststeppen.

## Kegelspiel „Vögel"

### → fünf ist Trumpf!

**GRÖSSE**
ca. 27 cm

**MATERIAL**
◆ Baumwollstoff in Gelb, Orange, Rot, Grün und Blau, jeweils gestreift und mit kleinen Punkten, Reste
◆ Baumwollstoff in Rot, Rest

◆ Nickistoff in Weiß, Rest
◆ Füllwatte
◆ Granulat
◆ Perlgarn in Schwarz

**SCHNITTMUSTERBOGEN 1 B (ROT)**

**WEITERFÜHRUNG**
### Kulturbeutel zum Aufrollen

**6** Das Schrägband für die Aufhängung der Länge nach zusammenfalten und an der offenen Seite zusammensteppen. Dabei die beiden Enden jeweils ca. 1 cm nach innen einschlagen mit feststeppen. Als Aufhängeschlaufe gemäß Markierung in Richtung Innentasche liegend feststeppen.

**7** Das äußere Hauptteil nun ebenfalls, wie oben beschrieben, an die beiden anderen Teile nähen. Die überstehenden Enden der Reißverschlüsse abschneiden und die komplette Tasche mit hellblauem Schrägband einfassen. Dafür zuerst die kurzen Seiten, dann die langen Seiten versäubern. Dabei darauf achten, dass die Enden des Schrägbandes beim Einfassen der langen Seite jeweils nach innen geschlagen werden müssen.

Alle Teile gemäß Schnittmuster und Abbildung zuschneiden.

### Vögel

**1** Die weißen Kopfteile r-a-r an die bunten Körperteile nähen. Je 2 Schnabelteile r-a-r bis auf die Wendeöffnung zusammennähen. Den Schnabel wenden, leicht mit Füllwatte stopfen und mit Zickzackstich schließen. 4 Körperteile nacheinander r-a-r zusammennähen. Dabei darauf achten, dass sich die Muster abwechseln. Die Körper-Kopfteile r-a-r zur Runde schließen und dabei den Schnabel gemäß Schnittmuster mitfassen.

**2** Die Bodenplatte r-a-r einpassen und dabei die Wendeöffnung offen lassen. Den Vogel wenden, mit Füllwatte stopfen und zum Schluss für die Standfestigkeit etwas Granulat einfüllen. Die Öffnung mit Matratzenstich schließen. Die Augen aufsticken, die Haare ein-

knoten und auf die gewünschte Länge kürzen.

### Ball

Die sechs Ballsegmente nacheinander jeweils r-a-r zusammennähen. Bei der letzten Naht, mit der der Ball r-a-r zur Runde geschlossen wird, die Wendeöffnung offen lassen. Den Ball wenden und mit Füllwatte stopfen. Die Öffnung mit Matratzenstich schließen.

### Spielregeln

**1. Variante:** Für die verschiedenen Farben werden unterschiedliche Punkte vergeben. Jeder wirft immer auf alle Kegel. Die Punkte werden aufgeschrieben und addiert.

**2. Variante:** Jeder hat eine Farbe und versucht seinen Kegel umzuschießen. Oder der Kegel des Gegners muss umgekegelt werden.

# *Kuscheldecke*

→ einfach supergemütlich!

## GRÖSSE
ca. 1,50 m x 2 m

## MATERIAL
- Baumwollstoff in Hellblau mit Blumen, großen und kleinen Punkten und Spiralen, je 65 cm
- Baumwollstoff in Rosa mit kleinen roten Punkten, 15 cm (Herzen)
- Baumwollstoff in Rot mit kleinen rosafarbenen Punkten, 10 cm (Tier-Nasen)
- Baumwollstoff in Schwarz, Rest (Augen)
- Nickistoff in Hellblau mit kleinen Punkten, 2 m (Unterseite)
- Nickistoff in Rosa-Rot gestreift, 45 cm
- Nickistoff in Rosa mit kleinen roten Punkten, 15 cm (Ecken)
- Nickistoff in Natur, 1,50 m
- Nickistoff in Rosa, 30 cm
- Vliesofix, 90 cm breit, 2 m lang
- Stickgarn in Weiß

## SCHNITTMUSTER-BOGEN 1A, 1B + 2B (ORANGE)

1 Alle Teile für die Applikation gemäß Schnittmuster zuschneiden. Dabei darauf achten, dass die unteren Kanten der Tiere mit 1 cm Ntzg zugeschnitten werden. Für die Kuscheldecke die restlichen Stoffe wie folgt zuschneiden: Baumwollstoff in Hellblau mit Blumen, großen und kleinen Punkten und Spiralen, jeweils 88 cm x 63 cm; Nickistoff in Rosa-Rot gestreift, 2x 15 cm x 39 cm (Hund und Hase) und 2x 15 cm x 40 cm (Katze und Bär); Nickistoff in Rosa mit kleinen roten Punkten, 4x 15 cm x 15 cm und Nickistoff in Natur, 2x 26 cm x 15 cm und 2x 1,12 m x 15 cm (Katze/Hund + Bär/Hase), 2x 14 cm x 15 cm und 2x 75 cm x 15 cm (Hund/Bär + Hase/Katze).

2 Alle Teile der Tiere gemäß Abbildung mittig auf die verschiedenen hellblauen Baumwollstoffe bügeln, zuerst die Köpfe, danach Augen, Ohren und Nasen. Dabei an der unteren Kante auf die Ntzg achten. Mit engem Zickzackstich applizieren und den Mund aller Tiere aufnähen. Mit Stickgarn die Augenpunkte einsticken.

3 Die 4 Teile mit den applizierten Tieren gemäß Abbildung jeweils r-a-r zu einem großen Rechteck zusammennähen. Für die Randstreifen der beiden langen Deckenseiten gemäß Abbildung die naturfarbenen und rosa-rot gestreiften Nickistreifen jeweils an den schmalen Seiten r-a-r zusammennähen. Für die kurzen Deckenseiten genauso verfahren, jedoch zusätzlich noch die rosa gepunkteten Quadrate ans Ende der Nickistreifen nähen.

4 Auf jeden Randstreifen mittig 1 Herz aufbügeln und mit engem Zickzackstich applizieren. Die 4 Randstreifen jeweils r-a-r an die Kanten des mittleren Rechtecks nähen und an den Ecken der Decke miteinander verbinden. VT und RT der Decke r-a-r zusammennähen. Dabei an einer Seite ca. 50 cm als Wendeöffnung offen lassen. Die Decke wenden und die Öffnung mit Matratzenstich schließen.

# *Aufbewahrungskörbe*

→ so macht Aufräumen Spaß!

## Kleine Körbe

**1** Alle Teile gemäß Schnittmuster zuschneiden. Für die Boden-Teile wird der jeweilige Schaf-Stoff verwendet. Zusätzlich aus Baumwollstoff in Hellblau bzw. Weiß 1x 47 cm x 11 cm und in Weiß mit blauen Schafen bzw. Hellblau mit weißen Schafen 1x 47 cm x 5 cm und 1x 47 cm x 14 cm zuschneiden. Alle Teile, außer der Borte am oberen Rand, mit Vlieseline verstärken.

**2** Aus Volumenvlies 1x die Borte ohne Ntzg zuschneiden und auf die Rückseite eines Borten-Teils bügeln. Beide Borten-Teile an der gewellten Seite r-a-r zusammensteppen. Die beiden Enden der Borte r-a-r zu einem Ring schließen. Die Ntzg kürzen und an den Rundungen bis knapp an die Naht einschneiden. Die Borte wenden und die offene Seite innerhalb der Ntzg zusammensteppen.

**3** Für den äußeren Korb den schmalen Schafstreifen r-a-r an der langen Seite an den unifarbenen Streifen nähen. Mit der Schaf-Seite den zusammengesetzten Streifen r-a-r an den Boden nähen, die Seitennaht schließen und den Korb wenden. Die Borte über den Korb ziehen und die beiden oberen Kanten in den Ntzg zusammensteppen.

**4** Für den inneren Korb den breiten Streifen Schaf-Stoff an den 2. Boden nähen und die Seitennaht vom oberen Rand her nur zu einem Drittel schließen. Den Korb mit der Borte in den Innenkorb schieben und die 3 übereinanderliegenden Kanten zusammensteppen. Den Korb durch das Loch in der Seitenwand des Innenkorbes wenden und die Öffnung mit Matratzenstich schließen. Den Innenkorb in den äußeren Korb schieben und die Borte nach außen umlegen.

**5** Je 2 Herz-Teile r-a-r bis auf die Wendeöffnung zusammennähen. Die Ntzg kürzen und an der Einbuchtung oben bis kurz vor die Naht einschneiden. Das Herz wenden. Ein Ende eines Perlgarnstückes mit einem Knoten versehen. Für die Aufhängung das Perlgarn von innen durch die obere Einbuchtung des Herzchens nach außen ziehen. Das Herz leicht stopfen und die Öffnung mit Matratzenstich schließen. Die Perlgarn-Aufhängung in die Borte einziehen. Dafür die Nadel von der Einbuchtung zwischen den Bortenbögen zum oberen Rand und auf die untere Seite der Borte führen. Den Faden mit einem Knoten fixieren. An jeder zweiten Einbuchtung ein Herz befestigen. Am kleinen weißen Korb mit der blauen Borte statt der Herzen die pinkfarbenen Knöpfe unterhalb jeder zweiten Einbuchtung annähen.

## Große Körbe

**1** Alle Teile gemäß Schnittmuster zuschneiden. Für die Boden-Teile wird der jeweilige Schaf-Stoff verwendet. Zusätzlich aus Baumwollstoff in Rosa bzw. Weiß 1x 74 cm x 17 cm und aus Baumwollstoff in Weiß mit roten Schafen bzw. Rosa oder Hellgrün mit weißen Schafen 1x 74 cm x 7 cm und 1x 74 cm x 22 cm zuschneiden. Weiter, wie oben beschrieben.

**2** Beim grünen Korb (siehe Abbildung Seite 47) statt der Herzen Filzblumen anbringen. Dafür je 1 Blume zusammen mit 1 Knopf zwischen den Bortenbögen an den Korb nähen.

## Schnitte übertragen und anfertigen

Alle Schnittmusterteile auf Seidenpapier oder Kopierfolie übertragen und ausschneiden. Mit Hilfe von Stecknadeln auf die Rückseite (linke Seite) der Stoffe stecken. Dabei auf den Fadenlauf (= Webrichtung; auf dem Schnittmuster mit einem Pfeil gekennzeichnet) achten. Alle Teile mit einer Ntzg ausschneiden. Die Ntzg beträgt, wenn nicht anders angegeben, 1 cm. Dabei darauf achten, dass Teile, die nicht symmetrisch sind und zweimal ausgeschnitten werden müssen, wie z.B. Ärmel, Hosenbeine, VT oder RT (wenn sie aus 2 Teilen bestehen), immer auch gegengleich, also spiegelverkehrt, ausgeschnitten werden müssen. Bei den Teilen, bei denen ein Stoffbruch auf dem Schnitt vermerkt ist, wird wie folgt verfahren: Den Stoff r-a-r falten, so dass der Stoffbruch in Fadenlaufrichtung (= Webrichtung) verläuft. Das Schnittteil mit der gestrichelten Stoffbruch-Kante auf die tatsächliche Stoffbruchkante des Stoffs legen. Wie vorher beschrieben, mit Ntzg ausschneiden.

## Kanten mit Schrägband versäubern

Um ein Schrägband anzunähen, legen Sie die Kanten der Teile, die zusammen versäubert werden sollen, passgenau aufeinander. Ca. 0,5 cm breit zusammensteppen, damit nichts mehr verrutschen kann. Eine Seite des Schrägbandes auf der rechten Seite des Modells auf die zu versäubernden Kanten legen und in der Bügelkante feststeppen.

Das Schrägband über die zu versäubernden Kanten schlagen und auf der Rückseite des Modells mit der Nähmaschine oder von Hand festnähen. An sichtbaren Ecken oder Enden darauf achten, dass die Enden des Schrägbandes vor dem Festnähen auf der linken Seite des Modells nach innen geschlagen werden müssen.

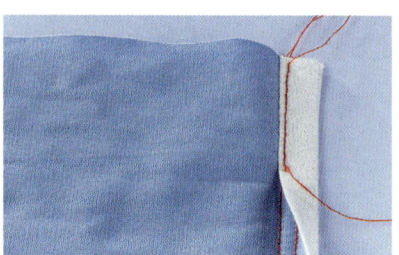

## Applikationen

### Vlies aufbügeln und Motiv übertragen

Beim Applizieren mit Vliesofix wird durch das beidseitig aufbügelbare Vlies das Verrutschen des zu fixierenden Teiles verhindert. So entstehen beim Festnähen keine Falten. Dafür das Vliesofix mit der Papierseite nach oben auf die Rückseite des Stoffes legen und aufbügeln. Bei Stoffen, die nicht aus 100% Baumwolle (Fleece, eventuell Nicki usw.) bestehen, am besten ein dünnes Tuch zwischen Stoff/Vliesofix und das Bügeleisen legen, damit die Stoffe nicht am Bügeleisen haften bleiben. Das Schnittmuster der zu applizierenden Teile auf das Papier des Vliesofix übertragen. Dabei beachten, dass die Schnittteile spiegelverkehrt aufgezeichnet werden müssen. Wenn nicht anders angegeben, die Teile ohne Ntzg zuschneiden.

## IHRE GRUNDAUSSTATTUNG
Folgende Hilfsmittel und Werkzeuge werden in den einzelnen Materiallisten nicht extra aufgeführt.

- ◆ Seidenpapier oder Kopierfolie
- ◆ Nähnadel
- ◆ passendes Nähgarn
- ◆ Stoffschere
- ◆ Stecknadeln
- ◆ Schneiderkreide
- ◆ Bleistift
- ◆ Nähmaschine

## Stoff einkräuseln und Rüsche annähen

**Motiv aufbügeln und applizieren**

Das Papier vom Stoff abziehen und das zu applizierende Teil mit der Stoffseite nach oben auf die markierte oder beschriebene Stelle legen und aufbügeln. Dabei eventuell wieder ein Tuch zwischen Stoff und Bügeleisen legen.

Einen Hilfsfaden 1 cm vom Rand entfernt von Hand mit einer Nadel einziehen. Dabei die Stiche ca. 0,5 cm breit und ebenso weit voneinander entfernt nähen. Stoff auf die gewünschte Breite zusammenschieben und Anfang und Ende des Fadens mit Knoten oder doppelten Stichen sichern. Rüsche r-a-r auf das entsprechende Teil legen und mit Stecknadeln feststecken. Dabei darauf achten, dass die Falten gleichmäßig verteilt sind. Auf dem Hilfsfaden oder knapp daneben nähen. Anschließend den Hilfsfaden herausziehen, wenn er auf der Vorderseite des Modells sichtbar ist.

Das Einkräuseln von Stoffstreifen für Rüschen können Sie auch mit der Nähmaschine durchführen. Dafür die Fadenspannung von Ober- und Unterfaden lockern, die Naht wie oben beschrieben nähen und durch Ziehen am Unterfaden einkräuseln.

Mit engem Zickzackstich (Stichlänge 0,5-1 mm, Stichbreite 2-3 mm) an der Kante entlang auf den Unterstoff applizieren.

### Absteppen von Nähten

Durch das Absteppen einer Naht auf der Vorderseite (rechten Seite) eines Modells wird diese besonders betont und die Ntzg auf der Innenseite (linken Seite) fixiert. Dafür wird die Ntzg, wenn nicht anders angegeben, zuerst auf ca. 0,5 cm zurück geschnitten, mit Zickzackstich versäubert, nach oben geschlagen und von der rechten Seite knappkantig (ca. 0,5 cm breit) festgesteppt.

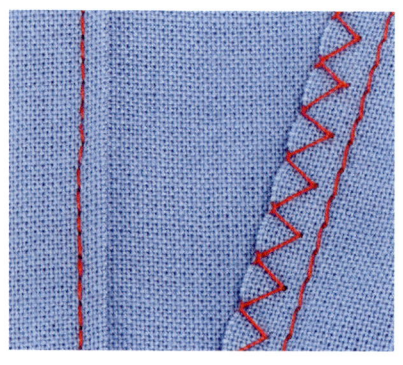

### Matratzenstich

### Einfacher Saum

Dafür wird die Abschlusskante mit Zickzackstich versäubert, einmal um die Breite des Saumes nach innen umgeschlagen und festgesteppt.

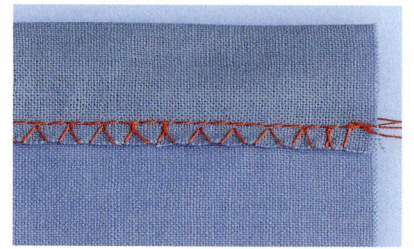

### Doppelter Saum

Offene Abschlusskanten können mit einem doppelten Saum versäubert werden. Dafür wird 2x nacheinander die gleiche Breite, z. B. 2 cm nach innen eingeschlagen und knapp an der Kante auf der inneren Seite festgesteppt.

### Verstärken und Wattieren

Bei manchen Modellen müssen einzelne Teile mit Vlieseline verstärkt oder mit Volumenvlies wattiert werden. Dafür die Vlieseline bzw. das Volumenvlies mit der Klebefläche nach unten auf die Rückseite des Stoffes legen und aufbügeln. Dabei jedoch ein dünnes Tuch zwischen Vlieseline bzw. Volumenvlies und Bügeleisen legen, damit nichts am Bügeleisen haften bleibt. Anschließend den gebügelten Stoff umdrehen und auf der rechten Stoffseite bügeln. Dann sind die beiden Schichten gut miteinander verbunden. Nun können die Teile mit Ntzg zugeschnitten werden.
Soll jedoch die Vliesline bzw. das Volumenvlies zugeschnitten werden, die entsprechenden Teile zuerst ohne Ntzg aus der Vlieseline bzw. Volumenvlies ausschneiden, wie oben beschrieben auf die Rückseite des Stoffes aufbügeln und die Schnittteile mit Ntzg zuschneiden. Die Nähte verlaufen dann entlang der Außenkanten der Vlieseline bzw. des Volumenvlieses.

**ABKÜRZUNGEN**

Nahtzugabe(n) = Ntzg

rechts auf rechts = r-a-r

Rückenteil(e) = RT

Vorderteil(e) = VT

## Körperteile zusammen-nähen und ausstopfen

Die Körperteile, die später gewendet werden, wie z. B. Arme, Beine, Kopf, Ohren usw. werden r-a-r liegend zusammengenäht. D.h. die Vorderseiten (die rechten Seiten) beider Teile liegen innen aufeinander und die Rückseiten (die linken Seiten) liegen außen. Um beim Nähen ein Verrutschen zu verhindern, werden die Stoffstücke mit Stecknadeln miteinander fixiert. Die Körperteile laut Anleitung und Markierungen auf dem Schnittmuster zusammensteppen. Das Zuschneiden und Nähen von sehr kleinen Körperteilen, wie Ohren und Beinen, kann durch folgende Technik vereinfacht werden:

Den Umriss eines Teiles auf ein Stück Stoff übertragen, ein gleich großes Stück Stoff r-a-r darunter legen, die beiden Teile mit Stecknadeln zusammenstecken und die Umrisse nachnähen. Dabei die Wendeöffnungen aussparen. Die Ntzg aller zusammengesteppten Körperteile auf ca. 5 mm einkürzen, mit Zickzackstich versäubern und die Teile wenden.

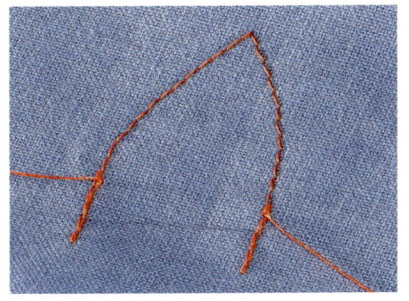

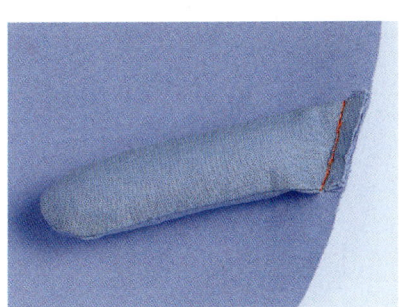

Arme und Beine nach dem Stopfen mit Füllwatte oder Granulat mit einer Naht in der Mitte der Nahtzugabe schließen, damit das Füllmaterial nicht mehr herausrutschen kann. Wird der Körper mit Granulat gefüllt, empfiehlt es sich, zum Abschluss eine Lage Füllwatte auf das Granulat zu legen. Dadurch wird das Schließen dieses Teiles mit Matratzenstich erleichtert und es kann dabei kein Granulat herausrieseln.

Beim Einnähen von Armen, Beinen, Ohren usw. empfiehlt es sich, diese mit einer Naht zu fixieren, damit sie beim Zusammennähen des Vorder- und Rückenteiles nicht mehr verrutschen können. Dafür die betreffenden Teile gewendet und eventuell gestopft so auf die rechte Seite des angegebenen Körperteiles legen, dass die Nahtzugaben der beiden Teile übereinander liegen. Die Arme, Beine, Ohren usw. zeigen dabei nach innen. In der Mitte der Nahtzugabe die Teile auf den Untergrund steppen.

## Fertigstellen

### VORSTICH

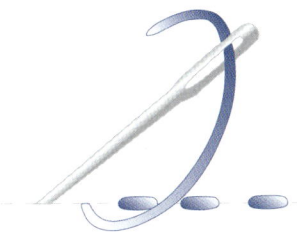

Von rechts nach links sticken. Am Beginn einer Konturlinie ausstechen, * auf der Kontur ca. 3 mm weitergehen und einstechen. Dann auf der Rückseite ca. 2-3 mm weitergehen und auf der Kontur wieder ausstechen. Den Vorgang ab * stets wiederholen, bis die gesamte Konturlinie überstickt ist.

### FESTONSTICH

Dieser Stich versäubert und verziert Stoffkanten. Ca. 5 mm von der Kante entfernt durch den Stoff stechen und die Nadel immer oberhalb der entstehenden Schlinge führen.

# Tipps *Tipps*

## Tipps und Tricks

▶ Alle Stoffe haben, wenn nicht anders angegeben, eine Breite von 150 cm.

▶ Wählen Sie den Nähfaden in passenden Farben. Manchmal ist auch eine Kontrastfarbe ein schöner Blickfang.

▶ Die Ränder von kleinen Teilen, z.B. Nasen, nach dem Ausschneiden mit Fransenstop einstreichen und gut trocknen lassen. Erst dann weiterverarbeiten.

▶ Vor dem Wenden von zusammengenähten Teilen werden die Ntzg auf ca. 5 mm eingekürzt. In Ecken oder Rundungen wird anschließend die gekürzte Ntzg noch zusätzlich bis knapp vor die Naht eingeschnitten. Dies verhindert, dass sich die Ecken und Rundungen nach dem Wenden verziehen, und es lässt sich alles schön in Form legen. Die eingekürzten Ntzg mit Zickzackstich versäubern.

▶ Am besten stecken Sie zwei Teile, die Sie zusammennähen wollen, vorher mit Stecknadeln zusammen, damit nichts mehr verrutschen kann. Je geschwungener die Kanten sind, desto enger sollten Sie die Nadeln stecken.

▶ Vor dem Absteppen von Nähten sollten sie die Ntzg umbügeln. Dadurch erreichen Sie eine gleichmäßige Umbruchkante, die Ihnen das Absteppen erleichtert.

▶ Bei Motiven, die aus zwei Teilen zusammengenäht sind (mit oder ohne Volumenvlies), wie z. B. die Klammermotive an der Messlatte oder die runde Tasche auf dem Utensilo, sollten Sie nach dem Wenden die Nähte gut in Form bügeln.

▶ Die Mengenangaben für das Füllmaterial haben wir weitgehend offen gelassen. Je nachdem, ob die Figuren fest oder eher locker gestopft werden, kann der Materialbedarf variieren.

# Übersicht der verwendeten Stoffe

Für alle Modelle wurden Stoffe der Firma Westfalenstoffe AG verwendet. Außer Baumwolle wurden noch Nicki und Frotteestoffe verwendet. Vorwiegend wurden Stoffe der Edition „Junge Linie" verarbeitet. Alle Designs sind nachstehend abgebildet:

S. 6, Stoffwürfel

S. 8, Krabbeldecke „Elefant"

S. 10, Baby-Schlafsack

S. 12, Schnuffeltuch „Hund"

S. 14, Messlatte

S. 16, Hasenspieluhr

S. 18, Kinderwagenkette

S. 20, Utensilo-Bus

S. 22, Lätzchen „Raupe"

S. 24, Kirschkernkissen-Schildkröte

S. 26, Bettnestchen

S. 30, Außerirdischer Freak

S. 32, Kindergartentasche und Turnbeutel

S. 34, Kinderschürze mit Maus

S. 36, Puppe

S. 40, Puppentheater

S. 42, Prinzessin, Prinz und Drache

S. 44, Wärmflasche „Schwein"

S. 46, Sitzsack „Zwerg"

S. 48, Schaf-Kissen

S. 50, Kulturbeutel zum Aufrollen

S. 52, Kegelspiel „Vögel"

S. 54, Kuscheldecke

S. 56, Aufbewahrungskörbe

www.westfalenstoffe.de

# Heike Roland und Stefanie Thomas

Angefangen hat alles 1996. Damals lernten sich Heike Roland und Stefanie Thomas durch ihr gemeinsames Hobby, das Bärenmachen, auf einer Künstler-Teddybären-Messe kennen. Fortan reisten sie zusammen mit Ihren Familien und den lustigen Petzen zu Verkaufsveranstaltungen in Deutschland, Österreich, England und den USA. Irgendwann war das „Bärenfieber" abgeklungen, aber dafür sprudelten zahllose neue kreative Ideen. Seither wird viel gesägt, gebohrt, gemalt, geschnipselt, geklebt, gefilzt und — genäht. Mitte 2004 erschien ihr erstes Buch im frechverlag.

Weitere lustige Designs von Heike Roland und Stefanie Thomas finden Sie unter:
## www.black-sheep-company.de

**HILFESTELLUNG ZU ALLEN FRAGEN, DIE MATERIALIEN UND KREATIVBÜCHER BETREFFEN: FRAU ERIKA NOLL BERÄT SIE. RUFEN SIE AN: 05052/91 18 58***

*normale Telefongebühren

## IMPRESSUM

Wir danken der Firma Westfalenstoffe AG für die Unterstützung bei diesem Buch: Westfalenstoffe AG, Münster, www. Westfalenstoffe.de

PROJEKTMANAGEMENT: Giovanna Lo Presti

LAYOUT: Petra Theilfarth

FOTOS: frechverlag GmbH, 70499 Stuttgart

DRUCK UND BINDUNG: Finidr s.r.o., Cesky Tesin, Tschechische Republik

| Auflage: | 5. | 4. | 3. | 2. | |
|---|---|---|---|---|---|
| Jahr: | 2012 | 2011 | 2010 | 2009 | [Letzte Zahlen maßgebend] |

© 2008 **frechverlag** GmbH, 70499 Stuttgart

ISBN 978-3-7724-6574-1
Best.-Nr. 6574